KB264565

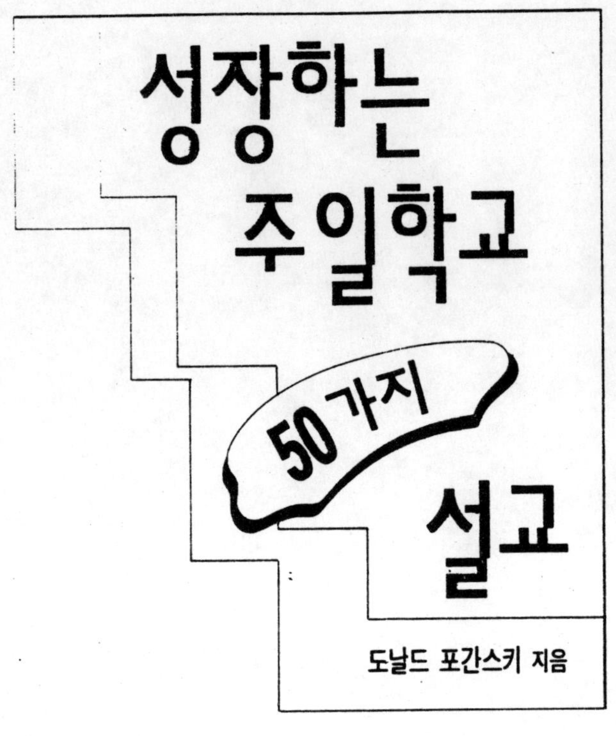

엘 맨

머리말

이 책은 그리스도의 구원적 사랑에 관한 복음을 시각적으로 설명한 것입니다. 이 책이 여러분으로 하여금 "이 복음은 모든 믿는 자에게 구원을 주시는 하나님의 능력이 됨이라"(롬 1:16)라는 성경의 중심적인 메시지를 선언토록 도와 줄 것입니다.

이 책의 목적은 여러분의 눈을 뜨게 하고 여러분의 귀를 열게 하는 데 있습니다..그렇게 되면 진리가 여러분의 가슴 속에 와닿을 것입니다.

이 책에 제시된 물건들은 저자가 그동안 어린이 주일학교, 여름 성경학교, 설교 등에서 사용하여온 것들로서 그 유용성이 충분히 입증되었습니다. 이들 물건들 중 많은 것들은 저자가 독창적으로 고안한 것들입니다. 이 물건들 중 일부는 저자가 목사님이나 선생님들로부터 들어 발전시킨 것들입니다. 또 어떤 물건들은 간행물로부터 발췌되었는데, 물론 원저자나 출판사의 허락을 받았습니다. 만약 이들 물건 중 일부가 어떤 인쇄된 출처에 나온 것과 유사하다면 관용이 있기를 바랍니다. 저자는 그러한 출처를 알지 못했기 때문입니다.

목사님들과 선생님들은 이 책의 방법을 기독교 교리 강의시간에 사용하실 수 있습니다. 이 책에 제시된 물건들은 세심하게 준비되어야 합니다. 이들 물건은 해를 거듭할수록 유용하게 될 것이며, 그것들 중 많은 부분은 성경이야기 시간에 도움이 될 것입니다. 이 책의 가르침은 성경의 구절을 중심으로 구성되었으며, 대부분의 가르침에서 한두 구절의 성경 이야기가 인용되어 있습니다.

달리 표시되어 있지 않으면, 성경구절은 "개정 표준판"으로부터 발췌되었습니다.

이 책의 사용을 위해 몇 가지 간단한 규칙들이 적용됩니다.

1. 목표를 향해 단계적으로 구축해 나감으로써 가르침에 있어 놀라움의 요소를 유지합니다.
2. 가능한 한 질문이나 대표적 참여를 통해 어린이들의 참여도를 높입니다.
3. 사전에 철저한 준비와 연습이 필요합니다.

4. 이 책의 방법을 너무 자주 사용해서는 안됩니다. 이따금씩 사용하여 방법의 신선감을 유지하시기 바랍니다.

이 책에서 사용된 물건들 중 많은 것들은 어린이들의 주목을 끄는 이상의 효과를 발휘합니다. 이 물건들은 강연에서 지속적인 보조재료로 사용될 수 있습니다. 다만 교리간 관계에 대해 적절한 주의가 요망되며, 하나님의 진리를 배우는 어린이들이 그리스도를 그들의 죄로부터 구원해주실 구세주로 만날 수 있도록 죄와 은총의 교리에 대해 특별한 강조가 주어져야 합니다. 그리스도의 구원적 사랑은 매일의 기독교적 삶에 대한 믿음을 위해 권능을 주시기 때문입니다.

이 책을 위해 재료를 사용토록 허락해 주신 다음 저자분들과 출판사에 감사를 드립니다.

- 캐롤 페른 타일, "종이와 가위를 사용한 대화," 신시내티, 스탠다드 출판사.
- J. E.. 드골리아, "물건을 이용한 가르침," 휘톤, 스크립처 출판사.
- 해리 N. 헉솔드, "하나님과 함께 한 보험," 세인트루이스, 콩코디아 출판사.
- 윌프레드 F. 크루즈, "종교강의에 적용되는 화학," 루테란 에주케이션 출판사.
- 엘머 L. 월더, "낯익은 물건을 이용한 가르침," 그랜드 래피즈, 존더반 출판사.
- 엘머 L. 월더, "보라, 물건을 이용한 가르침을," 그랜드 래피즈, 존더반 출판사.
- 선데이 스쿨 지도자 가이드, "그리스도가 우리를 성장하도록 부르시도다," 미네아 폴리스, 아우구스부르그 출판사.

이 밖에도 많은 책에서 발췌하였음을 밝힙니다.

이 책이 그리스도의 복음을 듣고 믿는 어린이들이 온누리에 복음을 전파하는 생생한 복음주의자가 될 수 있도록 그들의 가슴과 매일의 삶에서 그리스도의 복음을 고취시키기를 기도합니다.

목 차

매우 특별한 선물

(눅 2:10-11, 14; 요 3:16; 요일 4:19)

◆ 재 료

판지상자(정육면체). 펼쳤을 때 십자가 모양이 되어야 한다. 십자가에 붉은 물감을 칠하고, 한가운데 면에 예수님의 그림을 놓는다. 다른 면 위에는 예수님이 가져다 주시는 복들 중 일부(믿음, 평화, 기쁨, 생명, 사랑 등)를 쓴다. 다시 상자로 만들어 갈색종이로 포장하고 리본을 단다. 포장된 상자에, "받는 사람:세계, 보내는 사람:하나님"이라고 쓴 엽서를 붙인다.

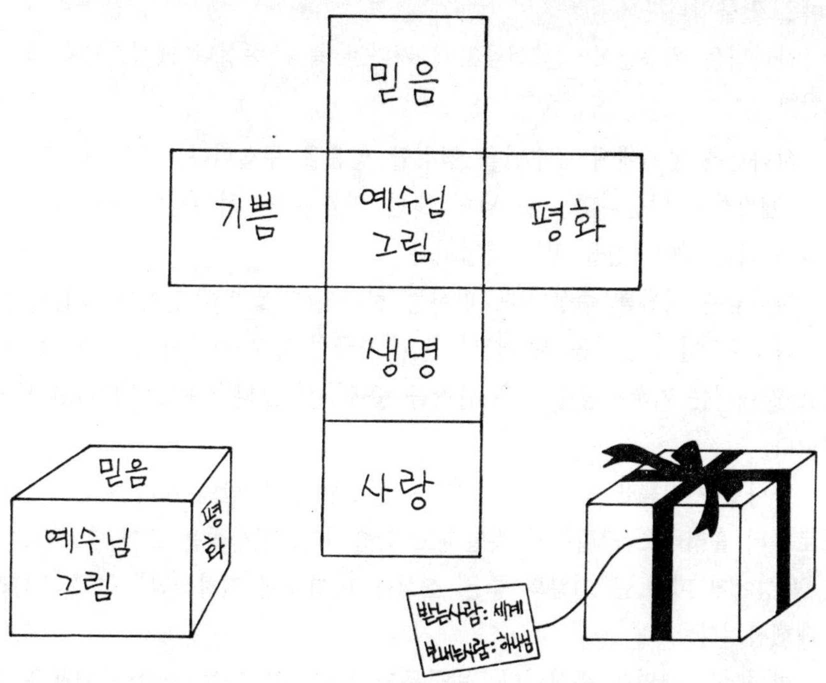

크리스마스 때면 우리는 선물을 주고 받습니다. 이 때에는 항상 많은 기대로 설레입니다. 우리는 선물 꾸러미를 받으면 그 속에 무엇이 들어있는지 보고 싶어 견딜 수 없습니다.

나는 지금 매우 특별한 선물을 들고 있습니다. 선물상자에 붙어 있는 엽서에는, "받는 사람:세계, 보내는 사람:하나님"이라고 쓰여 있습니다. 자, 이 선물상자를 풀어 볼까요? 보세요, 예수님의 그림이 들어있네요. 이 선물은 우리들을 위한 메시지를 담고 있습니다. "하나님이 세상을 이처럼 사랑하사 독생자를 주셨으니 이는 저를 믿는 자마다 멸망치 않고 영생을 얻게 하려 하심이니라"(요 3:16).

예수님의 그림을 보세요. 예수님은 너무나도 친절하십니다. 여러분은 예수님이, "어린이들을 내게 오게 하라"고 말씀하시는 것을 들을 수 있을 것입니다. 예수님은 사랑이 가득하십니다. 여러분은 예수님이, "너희는 죄 사함을 받았느니라."라고 말씀하시는 것을 들을 수 있을 것입니다. 예수님이 태어나셨을 때 천사가 세상에 발표하였습니다. "오늘날 다윗의 동네에 너희를 위하여 구주가 나셨으니 곧 그리스도 주시니라." 어느 날 예수님이 사역을 하시며 돌아다니실 때 니고데모에게, "하나님님이 세상을 이처럼 사랑하사 독생자를 주셨느니라"라고 말씀하셨습니다. 예수님은 정말 세상을 위한 하나님의 크리스마스 선물입니다.

하나님은 예수님이라는 선물로써 커다란 복을 주십니다(상자면을 하나씩 펼친다).

하나님은 우리에게 예수님을 영접할 믿음을 주십니다. 예수님을 믿는 자마다 멸망하지 않습니다. 예수님에 대한 믿음은 곧 하나님이 예수님 때문에 우리의 죄를 씻어주심을 믿는 것입니다.

하나님은 평화를 주십니다. 평화는 하나님께 올바른 안정된 믿음의 자세입니다. 예수님이 나셨을 때 천사들은, "지극히 높은 곳에서는 하나님께 영광이요 땅에서는 기뻐하심을 입은 사람들 중에 평화로다"(눅 2:14)라고 노래했습니다.

하나님은 기쁨을 주십니다. 기쁨은 예수님이 그 안에 계시는 신자의 마음으로부터 흘러나오는 행복의 깃발과도 같습니다. 천사들은 또한, "보라, 내가 온 백성에게 미칠 큰 기쁨의 좋은 소식을 너희에게 전하노라"(눅 2:10)라고 노래했습니다.

하나님은 생명을 주십니다. 누구든지 하나님을 믿는 자마다 영생을 얻습니다.

하나님은 사랑을 주십니다. "우리가 사랑함은 그가 먼저 우리를 사랑하셨음이라" (요일 4:19). "사랑하는 자들아, 하나님이 이같이 우리를 사랑하셨은즉 우리도 서로 사랑하는 것이 마땅하도다"(요일 4:11). 크리스마스 때에 사람들은 종종 선물을 줌으로써 자신의 사랑을 나타냅니다. 우리는 사랑의 예배에서 우리의 마음과 생명을 하나님께 바치고 다른 사람들에게 사랑을 보이므로 하나님에게 우리의 사랑을 보여야 합니다.

　세상을 위한 하나님의 크리스마스 선물은 말구유, 마굿간, 신분이 낮은 어머니 등에서 알 수 있는 바와 같이 초라한 보자기에 싸여 있었습니다. 이것은 여기 여러분 앞에 놓인 상자가 갈색의 종이로 포장된 것과 똑같습니다. 그러나 하나님은 선물의 내용이 가장 중요함을 우리에게 가르치십니다. 그분의 아들은 진정한 하나님이며 세상의 구세주이십니다. 여기 이 상자가 어떻게 십자가로 펼쳐지는가를 보세요. 예수님은 세상의 죄에 대한 대가를 지불하시기 위해 자신의 신성하고 고귀한 피를 십자가 위에서 흘리시려고 세상에 오셨습니다. 우리 모두는 하나님의 크리스마스 선물을 시급히 받아야 합니다. 영원한 죽음과 영원한 생명은 큰 차이가 있습니다. 누구든지 하나님을 믿는 자마다 멸망하지 않고 영생을 누리게 됩니다.

잃어버렸다가 다시 찾은 성경책

(왕하 23:3; 행 2:41-42, 17:10-11; 딤후 1:5, 3:14-17)

◆ 재 료

성경책, 상품 카탈로그, TV가이드, 잡지, 만화책, 스포츠 잡지 등과 같은 세상적인 자료. 이 세상적인 자료들을 성경책 위에 올려놓는다. 그런 다음 각 자료를 차례로 들면서 설명하고, 각 자료를 읽는 데 소요된 시간을 논의한다.

여러분은 이들 자료를 읽는 데 시간이 어느 정도 걸립니까? 아마도 많은 시간이 걸리겠지요.

이들 자료 밑에는 무엇이 있습니까? 성경책이 있습니다. 많은 사람들에게는 성경책이 잃어버린 책입니다. 여러분에게도 그렇습니까?

오래 전에 성경책은 잃어버린 책이 되었습니다. 사람들이 그냥 버린 것이지요. 신앙심이 깊은 왕이었던 요시야(Josiah)가 하나님의 집을 수리하고 있을 때 대제사장이 성경책을 발견하였습니다. 그 책은 교회에서조차 소홀히 취급되어 하나님의 집 장농 속에 들어있었던 것입니다. 그들은 신성한 힘의 원천을 잃어버렸던 것입니다. 사람들이 영적인 것들에 관심이 없었던 것도 놀라운 일이 아니었습니다. 사람들이 나쁜 길을 걷고 있었던 것도 놀라운 일이 아니었습니다. 신앙심이 깊었던 대제사장은 서기관에게 성경책을 보여주었고 서기관은 그것을 다시 왕에게 가지고 왔습니다. 왕은 서기관으로 하여금 성경책을 읽어보도록 하였습니다. 왕은 백성들이 하나님의 말씀이 기록된 책을 소홀히 한 것에 대해 매우 슬퍼하였습니다. 왕은 백성들이 성경책을 읽도록 명령하였으며, 왕과 백성들은 성경의 말씀을 따를 것을 맹세하였습니다. 왕은 대 위에 서서 하나님 앞에서, 하나님의 계명과 법도와 율례를 마음과 영혼을 다하여 지키고 그 책에 기록된 언약의 말씀을 실천하여 모든 백성들이 언약을 따르기로 맹세하였습니다(왕하 23:3).

이리하여 보다 하나님을 기쁘게 해드리는 새로운 삶이 계속 되었습니다.

우리가 성경을 매일 읽고 그에 따라 산다면 성경은 잃어버린 책이 아니라 되찾은 책이 됩니다.

베뢰아에서 그리스도인들은 성경을 열심히 찾았습니다(행 17:10-11).

로이스와 유니게는 성경을 찾아내어 어린 디모데를 가르쳤습니다(딤후 1:5; 3:14-17). 초대교회 교인들은 성경의 가르침을 계속하였습니다(행 2:41-42). 무엇보다도, 성경은 우리에게 예수 그리스도를 주십니다.

우연인가 창조인가?

(창 1장; 출 20:11; 시 139:14)

◆ 재 료

1에서 10까지 번호가 매겨진 동전 10개

　　여기에 1에서 10까지 번호가 매겨진 동전 10개가 있습니다. 이 동전들을 손에 쥐고 흔들어 보겠습니다. 그런 다음 하나씩 동전을 떨어뜨려 보겠습니다. 1번 동전과 2번 동전이 차례로 떨어질 확률은 얼마일까요? 아마도 백분의 일에 불과할 것입니다. 1번 동전과 2번 동전 그리고 3번 동전이 차례로 떨어질 확률은 얼마일까요? 아마도 천분의 일이나 될 것입니다. 그러면 동전이 번호 순서대로 떨어질 수학적 확률은 얼마일까요? 그것은 백억분의 일입니다. 이 확률은 이 세상과 인간이 우연히 나타난 확률보다는 더 큰 확률입니다. 따라서 이 세상과 인간이 우연히 나타났다고 가정하는 것은 불가능할 뿐만 아니라 어리석은 일이기조차 합니다.

　　여러분의 주위에 있는 우주의 경이로움을 생각해 보세요. 수십억 개의 별들이 그들의 궤도를 따라 움직입니다. 지구는 태양으로부터 적당히 멀리 떨어져 있어 타지 않으면서 따뜻하도록 되어 있습니다. 지표의 흙은 우리의 식량인 식물이 자랄 수 있도록 충분히 쌓여 있습니다. 그리고 지구는 일정한 속도로 자전을 하여 우리에게 낮과 밤을 교대로 제공합니다. 그 외에도 자연의 경이로움을 보세요. 새들이 철따라 이동하고 계절이 바뀌며 씨앗이 자랍니다.

　　또한 인체의 경이로움을 생각해 보세요. 인간의 뇌는 엄청나게 복잡한 회로를 가지고 있으며, 이 회로는 라디오나 텔레비전 망보다 전자적으로 훨씬 더 정교합니다. 인간의 눈도 또 다른 경이로움 그 자체입니다. 눈은 두개골이라는 산속 깊이 들어앉은 도시와도 같습니다. 눈은 눈썹이라는 숲에 둘러싸여 있습니다. 눈썹은 적들이 눈을 공격하거나 상처를 입히는 것을 막아줍니다. 또 눈은 눈꺼풀이라는 매우 견고한 막으로 덮여 있습니다. 눈꺼풀은 위험이 접근할 때 눈을 덮어줍니다. 속눈썹은 마치 지붕의 처마처럼 이물질의 접근을 막아줍니다. 또 눈은 자동청소기라고 할 수 있는 눈물샘을 가지고 있습니다. 이 눈물샘은 세균은 죽이나 눈에는 해를 끼치지 않습니다. 마치 거리의 청소차와 같이 눈물샘은 눈에 떨어지는 먼지와 세균을 씻어냅니다. 눈은 커다란 회전식 컬러 카메라와 같습니다. 즉 눈은 하나님의 창조물을 끊임없이 찍어 현상합니다. 그러나 눈은 인체의 수많은 신비 중 하나에 불과합니다. 이러한 인체의 신비가 우연히 이루어졌을까요? 단 몇 개의 동전도 결코 우연히는, 순서대로 떨어지지 않는데 말입니다.

성경은 말씀하십니다. "이는 엿새 동안에 나 여호와가 하늘과 땅과 바다와 그 가운데 모든 것을 만들었음이라"(출 20:11). 우주는 전능하신 하나님의 창조로 생겼습니다. 하나님은 전능하신 말씀으로 모든 것들을 무에서 만드셨습니다(창 1). 우리가 인체의 신비를 생각해보면 시편의 찬미처럼 우리의 창조주이신 하나님을 찬송하지 않을 수 없습니다. "내가 주께 감사하옴은 나를 지으심이 신묘막측하심이라. 주의 행사가 기이함을 내 영혼이 잘 아나이다"(시 139:14).

하나님의 말씀은 전능하신 창조주께서 하늘과 땅을 만드셨음을 말해줍니다. 하나님의 창조는 우리가 이해할 수 없으나 그리스도인으로서 우리는 다만 다음과 같이 말할 수 있습니다. "믿음으로 우리는 모든 세계가 하나님의 말씀으로 지어진 줄을 아나니"(히 11:3). 이것은 우리가 매주 예배에서 고백해야 하는 최초의 신앙선언이어야 합니다.

토기장이의 손에 든 진흙

(사 64:8; 렘 18:2-6; 막 3:13-19)

◆ 재 료

> 고무찰흙 한덩이

　많은 어린이들은 고무찰흙을 가지고 놉니다. 고무찰흙으로 여러 가지 놀이를 재미있게 할 수 있습니다. 고무찰흙을 공 모양으로 만들면 튀게 됩니다. 고무찰흙을 재빠르게 당기면 끊어집니다. 그러나 천천히 당기면 긴 끈같이 됩니다. 고무찰흙은 원하는 어떤 형태로도 만들어질 수 있습니다. 이 고무찰흙을 이용하여 제자도에 관한 성경의 가르침을 음미해 보겠습니다.

　성경은 모든 사람들이 선천적으로 하나님과 희망 그리고 목적을 가지고 있지 않다고 기록합니다. 사람들은 고무찰흙처럼, 그대로 놔두면 형체가 없는 덩어리일 뿐입니다. 하나님의 영적인 생명이 없는 사람들은 영적으로 죽은 덩어리에 불과하므로 목적이 없습니다. 고무찰흙은 컬러진흙으로서, 모든 사람들이 영적으로 죽어 있다는 의미에서 세상적임을 상기시켜 줍니다. "너는 흙이니 흙으로 돌아갈 것이니라"(창 3:19)라고 성경은 기록합니다.

　그러나 이 고무찰흙으로 어떤 형태가 되도록 해보겠습니다. 즉 고무찰흙에 생명을 넣어 보겠습니다. 지금 저의 손은, 성령을 통해 인간의 삶에 신앙을 불어넣으시고 인간을 자신의 형상으로 만드신 하나님의 손으로 볼 수 있습니다. 하나님은 구속이라는 분명한 목적을 가지십니다. 하나님은 인간들을 하나님의 이름을 달고 다니는 그릇으로 만드십니다. 그래서 나도 이 고무찰흙을 그릇 모양으로 만들어 보겠습니다.

　고무찰흙은 내가 계속 작업을 하고 있는 동안에만 그릇 모양을 이룹니다. 그렇지 않으면 금방 형체가 흐트러지고 맙니다. 하나님의 자녀로서 우리는 하나님이 그분의 말씀을 통하여 계속 우리의 삶을 이끌어 주시고 우리를 그분의 길로 인도하실 수 있도록 해야 합니다. 우리는 토기장이의 손에 든 진흙에 관한 성경의 기록을 찾아볼 수 있습니다. "너는 일어나 토기장이의 집으로 내려가라… 토기장이는 자기 생각대로 다른 그릇으로 만들더라. 그때 하나님의 말씀이 내게 임하니라. 이스라엘 족속아 이 토기장이의 하는 것같이 내가 능히 너희에게 행하지 못하겠느냐? 이스라엘 족속아 진흙이 토기장이의 손에 있음과 같이 너희가 내 손에 있느니라"(렘 18 : 2-6). 하나님이 이스라엘을 위해 하시고 싶으신 것을 우리 모두에게도 하시려 하십니다. 우리는 이사야가 그랬던 것처럼 응답을 해야 합니다. "그러나 여호와여 주는 우리 아버지시니이다. 우리는 진흙이요 주는 토기장이시니 우리는 다 주의 손으로 지으신 것이라"(사 64:8).

하나님은 그분의 자녀들을 막연한 공으로는 만드시지 않습니다. 이 고무 찰흙이 공으로 만들어져 튀게 하면 사방으로 튑니다. 튀는 방향을 예측할 수 없습니다. 제멋대로 튀는 제자들은 삶의 변덕에 따라 튀게 됩니다. 베드로는 뜰의 군중들과 함께 튀었습니다. 그리스도의 모든 제자들은 누가 큰지를 다투면서 제멋대로 튀었습니다(눅 22:24-28). 그리하여 그들은 모두 예수님의 수난의 시간에 예수님을 떠났습니다. 예수님이 돌아가시고 부활하신 후에 예수님은 제자들의 신앙을 강하게 하셨습니다. 예수님은 제자들을 다시 알맞은 자애로운 그릇으로 만들기 시작하셨습니다. 예수님은 제자들이 예수님에 관해 다른 사람들에게 전파하도록 도와주시기 위해 성령강림절에 그들에게 성령을 주셨습니다. 그 후 제자들은 생명수를 지니고 다녔습니다. 그들은 토기장이의 손에 든 진흙이었습니다.

예수님은 제자들을 부르셨습니다(막 3:13-19). 제자들은 예수님에 의해 복음을 전파하기에 알맞은 형상이 되었습니다. 그들은 신앙을 지키므로 계속 예수님의 그릇이 되었습니다. 만약 우리가 토기장이의 손과 같은 사역의 힘으로부터 벗어나면 세상은 우리를 끈처럼 잡아당겨 끊어내고 맙니다. 이러한 일은 유다에게 일어났습니다.

나머지 열한 제자와 같이 우리를 토기장이의 손과 같은 예수님의 손에 우리 자신을 맡겨야 합니다. 다음과 같이 기도합시다.

저희를 주님의 뜻대로 만들어 주세요.
저희는 주님의 뜻에 따라 조용히 기다리겠습니다.

갈보리 이야기

(눅 23:33-44; 요 19:33-34; 살후 1:9)

◆ 재 료

> 종이 한 장, 가위, 핀 9개. 이 물건들을 플란넬판이나 아무 게시판 위에 놓는다. 그림에서처럼 종이를 접어 두 번 자른다. 그림에서처럼 종이 조각을 배열하고 이야기를 시작한다.

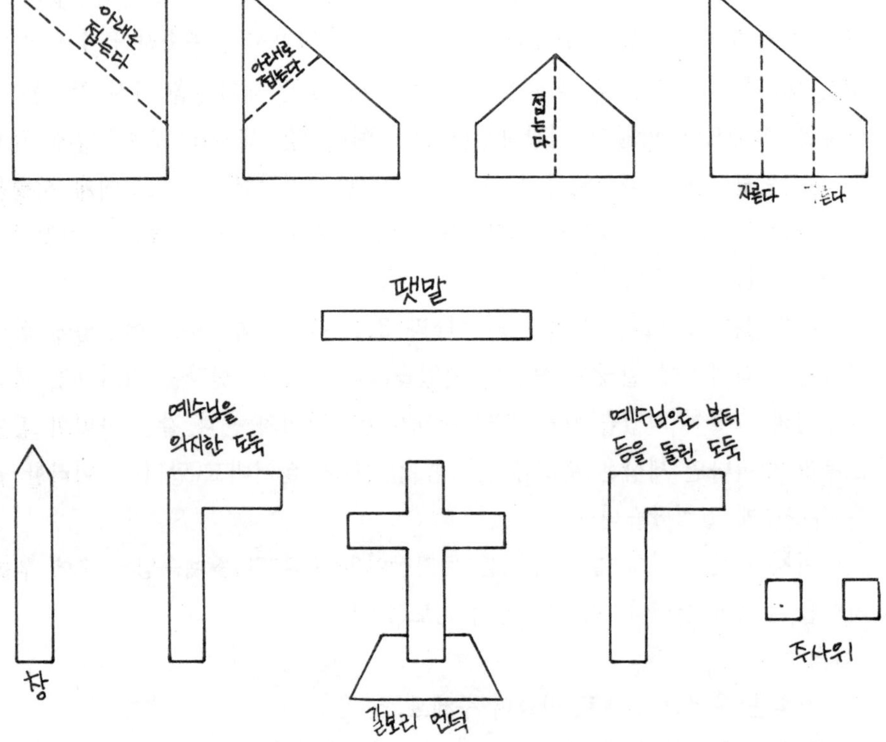

누가복음 23장 22~44절은 로마 군인들이 예수님을 예루살렘 교외에 위치한 갈보리라는 언덕으로 끌고 갔다고 기록하고 있습니다. 그들은 거기서 예수님을 십자가에 못박았습니다. 십자가 처형은 사람의 손과 발을 십자가에 못박는 것을 의미합니다. 때때로 십자가에 묶기도 하였습니다..예수님은 못에 박히셨습니다. 처형자들은 예수님을 더욱 모욕하기 위해서 예수님을 두 명의 죄수 사이에 세웠습니다. 그중 한 명은 예수님을 외면하였고 다른 한 명은 나중에 신앙심으로 예수님을 쳐다 보았습니다. 군병들은 자기들의 임무수행과 예수님의 옷을 벗기는 데만 열중하였습니다. 그들은 예수님의 옷을 벗길 사람을 제비로 뽑았습니다. 많은 사람들은 예수님의 용서를 거부하면서 예수님을 외면하였습니다. 예수님의 머리 위에는 "이 자가 유대인의 왕이다"라는 팻말이 걸렸습니다. 예수님은 여섯 시간 동안 고통을 받으시다가 돌아가셨습니다. 한 군병이 예수님이 정말 돌아가셨는가를 확인하기 위해 창으로 예수님의 옆구리를 찔렀습니다(요 19:33-34).

예수님의 용서를 받아들이기를 거부한 도둑은 어디로 갔을까요? 그는 지옥으로 갔습니다.

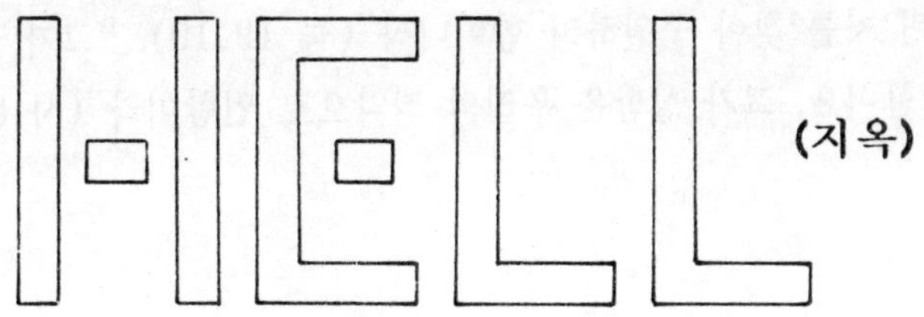

(지옥)

성경은 지옥을 고통과 후회의 장소라고 합니다. 그곳은 하나님이 계시지 않는 곳이며 빛이나 사랑이 영원히 없는 곳입니다(마 25:46; 살후 1:9). 신앙이 없는 자가 지옥이 있다는 것을 믿은 한 그리스도인을 조롱하였습니다. 그는, "당신은 지옥이 어디에 있는지 모르잖아." 라고 말했습니다. 이에 대해 그 그리스도인은, "지옥은 그리스도 없는 삶의 끝에 있다."라고 응수했습니다. 그 그리스도인의 말이 맞았습니다. 회개한 그 도둑은 어디로 갔을까요? 그는 생명을 얻었습니다.

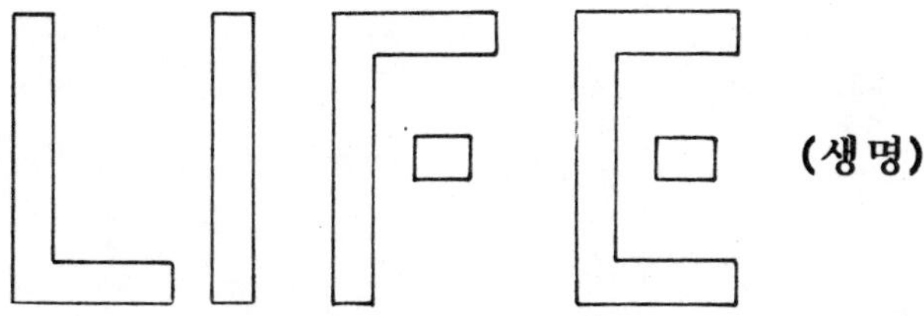

(생명)

이 회개한 도둑은 자신의 지상에서의 삶이 곧 끝날 것을 깨달았습니다. 그는 예수님이 자기를 용서해 주실 것을 깨달았습니다. 그는 예수님이, "아버지, 그들을 용서해주소서."라고 말씀하시는 것을 들었습니다. 그는 자기에게도 용서가 있었음을 믿었습니다. 그는 예수님께 천국에 가시거든 자기를 기억해

주실 것을 요청했습니다. 예수님은, "오늘 네가 나와 함께 낙원에 가 있을.것이니라."고 말씀하셨습니다. 그 도둑은 영생이라는 선물을 받았습니다. 그리스도인이 죽는 순간 그의 영혼은 하나님의 천국으로 가서 영원한 삶을 누리게 됩니다. 영혼은 육체가 영광 속에서 부활하게 되는 심판의 날에 육체와 결합하게 됩니다.

예수님은 죄인들을 대신하여 저주를 받으러 오셨기 때문에 사람들이 자신을 십자가에 못박도록 허락하셨습니다. "그리스도께서 우리를 위하여 저주를 받은바 되사 율법의 저주에서 우리를 속량하였으니 기록된 바 나무(십자가)에 달린 자마다 저주 아래 있는 ·자라 하셨음이라"(갈 3:13). 못이 아니라 예수님의 무한한 사랑이 예수님을 십자가 위에 서시게 하였습니다. "인자의 온 것은 잃어버린 자를 찾아 구원하려 함이니라"(눅 19:10). "그가 찔림은 우리의 허물을 인함이요, 그가 상함은 우리의 죄악으로 인함이라"(사 53:5).

그리스도의 촛불

(시 18:28; 막 10:46-52; 요 9장; 엡 2:1-3, 5:8-9)

◆ 재 료

> 커다란 불이 켜진 흰 양초, 일부가 탄 작은 색 양초

　　여러분은 여러분 자신을 촛불이라고 생각한 적이 있습니까? 초의 밀랍부분은 여러분의 육체적 자아를 나타냅니다. 심지는 사고와 느낌의 영역인 여러분의 영혼을 나타냅니다. 심지는 그을리고 더럽혀져 있습니다. 태어날 때부터 여러분과 나는, "허물과 죄로 죽었으며… 다른 이들과 같이 진노의 자녀였습니다"(엡 2:1, 3). 또한 양초에는 불꽃이 없습니다. 양초 자체는 겉으로 보기에는 멋있을지 모르지만 심지가 타지 않는다면 양초라고 할 수 없습니다. 본질적으로 여러분과 나는 영적인 빛과 생명이 없으며 어둠과 죽음의 그림자 속을 걷고 있습니다(사 9:2). 어둠은 악과 죽음의 상징입니다.

　　어떻게 하면 영혼의 불꽃을 얻을 수 있을까요? 어떻게 하면 하나님을 위해 타오를 수 있을까요? 시편 18편 28절은, "주께서 나의 등불을 켜심이여 여호와 내 하나님이 내 흑암을 밝히시리이다."라고 기록합니다. 우리 생명의 촛불을 켜는 분은 하나님이십니다. 하나님은 세상의 빛을 위해 독생자를 주셨습니다. 예수님은 이 밝고 빛나는 흰 촛불과 같이 우리의 빛이십니다. 예수님은 이 구원의 빛을 우리에게 주시기 위해 오셨습니다. 빛은 생명의 상징입니다. 예수님은, "나는 세상의 빛이니, 나를 따르는 자는 어두움에 다니지 아니하고 생명의 빛을 얻으리라."(요 8:12)고 선언하셨습니다. 예수님은 갈보리의 십자가라는 어둠 속에서 세상의 모든 죄를 대신하여 돌아가셨습니다. 예수님은 죄 사함을 통하여 빛을 가져다 주셨습니다. 예수님은 이 커다란 그리스도 촛불이 작은 색 양초에 불을 붙이듯이 용서를 주시기 위해 이 땅에 오시는 것입니다. 이제 이 작은 양초는 커다란 그리스도의 빛으로 타고 있습니다. 예수님을 믿는 자마다 이 구원의 빛을 가지게 됩니다. 예수님의 용서로서 영적인 생명과 영원한 죽음으로부터의 해방, 그리고 광명의 삶이 시작됩니다. 이것들은 죄로 어두워진 영혼들을 위한 예수님의 신앙의 선물입니다.

　　성경에는 소경 바디매오(막 10:46-52)와 같은 몇몇 소경에 관한 이야기

가 있습니다. 바디매오는 자기 자신의 육체적인 불구와 그로 인한 어둠의 생활에도 불구하고 예수님이 다윗의 아들이자 이스라엘의 성스러운 분임을 분명히 보았습니다. 즉 그는 내적인 신앙의 빛을 가졌던 것입니다. 예수님은 바디매오의 눈을 뜨게 하시므로 영적인 죽음의 어둠에서 살고 있는 모든 사람들에게 빛을 주시기 위해서 오신 '세상의 빛'이심을 증명하셨습니다. 영적인 빛과 육체적인 눈을 동시에 갖는다는 것은 두 배의 축복입니다.

요한복음 9장 5절에는 예수님이, "내가 세상에 있는 동안에는 세상의 빛이로다."라고 선언하셨음을 기록합니다. 그런 다음 예수님은 또 다른 소경을 치료하셨습니다. 예수님은 육체적인 소경보다 영적인 소경이 더 나쁜 것임을 분명히 말씀하셨습니다. 예수님은 사람들이 자신의 영적인 어둠을 깨닫게 되면 예수님을 구세주로 영접하게 될 것임을 강조하셨습니다. 그리스도의 구원의 빛이 없이는 인간의 죄는 계속 남게 됩니다. 그리스도가 없으면 영원한 죽음만이 있을 뿐입니다. 이 세상에서 보다 중요한 것은 우리가 그리스도를 위해 등불이 되는 것입니다. 그러면 우리는 그리스도의 빛 속에서 영원히 살게 되는 약속을 갖게 됩니다(계 21:23-24).

예수님이 기적적으로 시력을 회복시켜 주신 모든 소경은 예수님이 우리를 위해 영적으로 무엇을 하시려 하는가를 말해주는 증거가 되었습니다. 예수님은 믿음의 깨우침을 통해 인간의 영적인 시력을 회복하려 하십니다. 이렇게 영적인 시력을 회복한 이들은 그리스도를 위한 등불이 됩니다. 그러면 영혼의 모든 생각과 바람이 그리스도를 위해 빛을 내기 위해 그리스도의 빛에 복종하게 됩니다(엡 5:8-9).

율법을 완전케 하신 그리스도

(신 4:13; 마 5:17; 롬 3:12, 10:4)

◆ 재 료

> 흰 화판, 장갑

이 장갑에는 몇 개의 손가락이 있습니까? 그렇습니다. 열 개가 있습니다. 10은 계명의 번호입니다. "여호와께서 그 언약을 너희에게 반포하시고 너희로 지키라 명하셨으니 곧 십계명이며 두 돌판에 친히 쓰신 것이라"(신 4:13). 이 장갑은 우리에게 십계명을 상기시켜 줍니다.

이 장갑은 어떤 일을 하는 데 사용됩니다. 내가 만약 각 손의 한 손가락만 낀다면 그 장갑으로 일을 할 수 있겠습니까? 그렇지 못할 것입니다. 이 장갑은 전체 열 손가락을 완전히 끼고 사용하도록 되어 있습니다.

어떤 사람들은 십계명 중 한두 계명만 지키면 자기들이 해야 할 바를 다한 것이라고 생각합니다. 그들은 우상을 숭배하는 것이 잘못된 일이라는 것을 알지만, 하나님게 걱정을 끼쳐드리고 하나님을 불신하는 것도 우상숭배만큼 잘못된 것이라는 것을 깨닫지 못하고 있습니다. 그들은 은행을 터는 것이 나쁜 짓이라는 것을 알지만, 자기의 이웃을 험담하는 것도 그만큼 나쁘다는 것을 깨닫지 못합니다. 그들은 살인이 나쁘다는 것은 알고 있으나 남을 미워하는 것도 그만큼 나쁘다는 것을 알지 못합니다. 내 손가락 중 세 개만 장갑을 끼면 온전하지 못한 것처럼, 사람들도 십계명을 일부만 지키고 있습니다.

모든 사람들은 죄를 가지고 태어났기 때문에 전체의 계명을 생각이든 말이든 또는 행동이든 다 지킬 수 없습니다. "다 치우쳐 한 가지로 무익하게 되고 선을 행하는 자는 없나니 하나도 없도다"(롬 3:12). 오직 그리스도만이 전체의 계명을 완벽하게 이행하셨습니다. 마태복음 5장 17절에는, "내가 율법이나 선지자나 폐하러 온 줄로 생각지 마라. 폐하러 온 것이 아니요 완전케 하려 함이로다."라고 기록되어 있습니다. 내가 두 손을 이 장갑에 완전히 넣은 것처럼 그리스도도 죄인들을 위해 하나님의 율법을 완벽하게 지키므로 그것을 완전케 하셨습니다. 그리스도는 하나님의 신성한 율법을 지킬 수 없는 모든 사람들을 대신하여 자신의 신성한 생명을 바치셔서 십자가 위에서 돌아가셨습니다.

이 때문에 사도 바울은, "그리스도는 모든 믿는 자에게 의를 이루기 위하여 율법의 마침이 되시니라."라고 말할 수 있었습니다(롬 10:4). 그리스도는 하나님의 율법을 어긴 모든 사람들을 위한 대속으로서 고귀한 피를 흘리셨습니다.

예수 그리스도를 믿는 자마다 하나님의 율법의 처벌과 위협으로부터 면제됩니다. 이렇게 면제된 사람들은 생명의 신성으로 하나님께 자유로이 봉사할 수 있게 됩니다. 십계명은 우리를 위한 봉사의 지침입니다. 믿는 사람은 내가 내 손가락 모두를 장갑에 넣는 것처럼 자신을 하나님의 예배에 넣습니다. 우리는 이 세상에서는 결코 하나님을 완벽하게 섬길 수 없지만, 항상 노력하여야 합니다. 그럼으로써 우리는 하나님께서 율법의 영원한 처벌로부터 우리를 구원하시기 위해 예수 그리스도를 보내주신 데 대해 감사하게 됩니다. 우리는 하나님에 대한 사랑과 감사로써 노력해야 합니다.

자신을 낮추신 그리스도

(빌 2:5-8; 골 2:9)

◆ 재 료

> 1. 전구와 긴 전선. 상자나 셀로판지를 태우지 않도록 전력이 낮은 전구를 사용한다.
>
> 2. 그리스도의 그림이 전면에 붙은 흰 상자. 상자 뒷면에 큰 문을 만들고 그 속에 작은 창문을 만든다. 창문은 닫혀있는 채로 놔둔다. 문은 붉은 셀로판지로 덮는다.
>
> 3. 윗면에 검은 십자가가 세워진 보다 큰 검은 상자. 이 상자 속으로 흰 상자가 쉽게 들어갈 수 있어야 한다.

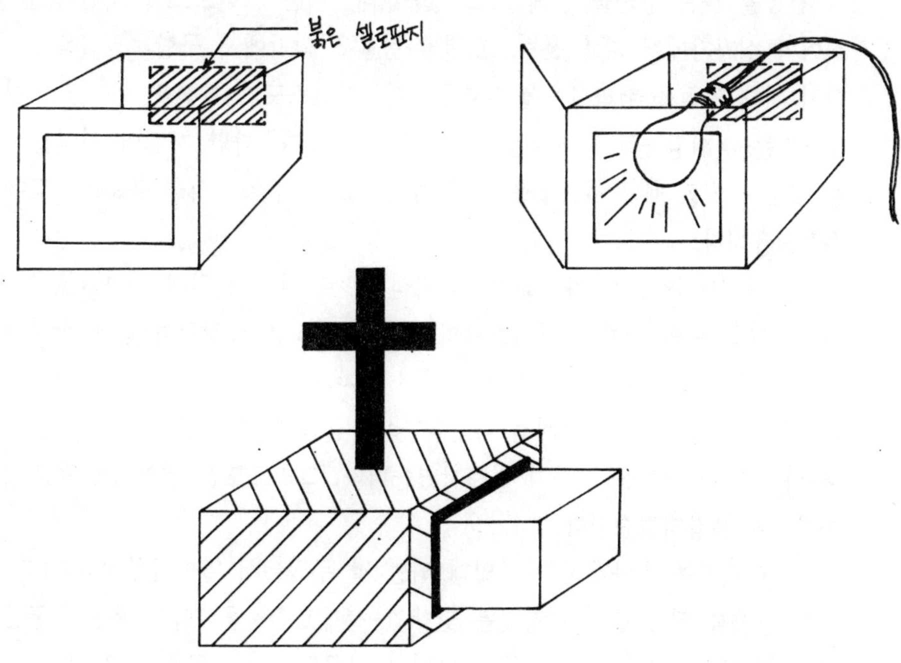

이 불이 켜진 전구는 우리에게 그리스도가 하나님의 아들임을 상기시켜 줍니다. 완전한 영원성으로부터 그리스도는 아버지와 성령과 함께 영광과 천국의 장엄을 공유하셨습니다. 그리스도는 진정한 하나님이자 빛 중의 빛이셨습니다. 인간이 죄를 범했을 때 아버지는 인간의 구세주가 되도록 아들을 세상에 보내셨습니다. 그리하여 하나님의 아들은 실제의 살을 가진 인간의 모습을 선택하셨고 이로써 동정녀 마리아에게서 태어나셨습니다. 나는 이 전구를 그리스도의 인간성을 나타내는 흰 상자에 넣어 보겠습니다. 이제 하나님의 완전한 충만하심이 인간의 몸으로 들어왔습니다. "그리스도 안에는 신성의 모든 충만이 육체적으로 거하시도다"(골 2:9). 그리스도는 자신을 종의 형체로 낮추셨으며, 자신의 인간의 형체에 주어진 신성한 권위를 항상 최대한도로 사용하지 않으셨습니다(빌 2:5-8).

그리스도가 잠시 동안 이 땅을 밟으셨을·때, 그리스도는 기적을 행하셨습니다. 예를 들어 그리스도는 가나에서 물을 포도주로 바꾸셨고 제자들은 이러한 그리스도의 기적을 믿었습니다(요 2). 모든 기적은 그리스도의 신성에 대해 창문을 여는 것과 같았습니다(상자의 창문을 열고 어린이로 하여금 안을 들여다 보게 하세요). 여러분은 밝은 전등을 볼 수 있을 것입니다. 여러분은 그 전등을 붉은 창문을 통해 보고 있습니다. 이는 그리스도가 자신이 진정한 신이며 십자가에서 피를 흘림으로써 사람들을 죄악에서 구할 수 있음을 증명하기 위해 기적을 행하셨음을 의미합니다. 그리스도가 자신을 낮추셨을 때 그리스도는 전지전능하신 내색을 하지 않으셨습니다. 다만 자신이 신임을 증명할 필요가 있을 때만 사람들을 믿게 하시려고 이러한 기적을 부분적으로마 사용하셨습니다.

그 후 그리스도는 자신을 죄의 희생양으로 하시기 위해 십자가로 가셨습니다(그리스도의 상자를 그리스도의 죽음과 매장을 상징하는 검은 상자 속에 넣습니다). 그리스도는 자신을 낮추셔서 십자가의 죽음에조차 복종하셨습니다(빌 2:8). 그리스도가 이처럼 자신을 낮춰 죽음에 복종하신 것은 죄많은, 죽어 마땅한 이 세상을 구하기 위해서였습니다. 그리스도는 십자가에 못박혀 돌아가셨고 매장되셨습니다.

그리스도는 돌아가신 지 3일째 되는 날 무덤에서 일어나셨습니다(그리스도의 상자를 뒤로 돌리고 창문은 닫혀있는 채로 놔 둡니다). 많은 징후를 통해 그리스도는 자신이 진정한 하나님의 아들로서 살아계심을 보이셨습니다. 그리스도는 무덤으로부터 나오기 전에 지옥에 내려가심으로써 사탄에 대한 승리를 보여 주셨습니다. 그리스도는 자신을 40일 동안 보여주셨습니다.

어느날 그리스도는 제자들을 예루살렘 밖의 한 언덕으로 데려가셨습니다. 그리스도는, "하늘과 땅의 모든 권세를 내게 주셨으니… 볼지어다 내가 세상

끝날까지 너희와 함께 항상 있으리라"(마 28:18-20)라고 말씀하셨습니다. 그런 다음 그리스도는 구름이 그리스도를 영접하여 제자들의 시야에서 보이지 않을 때까지 승천하기 시작하셨습니다(상자의 뒷문을 활짝 열어보세요). 그리스도는 만물을 충만케 하시기 위해 하늘로 오르셨습니다(엡 4:10).

이 전등은 밝게 비추고 있습니다. 이 전등은 우리에게 진리를 상기시켜 줍니다. 그리스도가 자신의 구원의 사역을 실행하기 위해 신성과 인간성에 따라 현재하심을 우리에게 상기시키기 위해 이 전등은 붉게 물들어 있습니다. 그리스도의 현재하심은 그리스도가 자신을 낮추셔서 십자가 위에서 피를 흘리셨을 때 우리에게 주신 사랑과 용서의 증거입니다. 이 상자는 그리스도의 현재하심의 깊은 신비를 충분히 예시하지는 못합니다. 왜냐하면 그리스도는 진정으로 우리의 눈에 보이지 않게 되셨기 때문입니다. 그러나 이 상자는 그리스도의 현재하심이 우리에게 무엇을 의미하는가를 상기시켜 줍니다. 그리스도는 우리들을 은총의 길로 인도하여 천국으로 데려가십니다.

그리스도는 두세 사람이 그리스도의 이름으로 함께 모이는 곳에 항상 현재하십니다. 그리스도는 약속하신 대로 성찬식에는 진정으로 현재하십니다. 우리는 그리스도의 현재하심을 이해하려고 노력하지 말고 믿어야 합니다.

그리스도는 의로움으로써 세상을 심판하기 위해 마지막 날에 완전한 영광 속에서 다시 오십니다. 그리스도는 자신의 모든 영광 속에 빛나실 것입니다(붉은 셀로판지를 치워 보세요). 그 때에는 구세주로서의 사역이 끝을 맺으므로 그리스도는 심판자가 되십니다. 은총의 시기에 그리스도를 구세주로 받아들이는 사람들은 그리스도의 영광 속으로 들어갑니다. 그리스도를 거부한 사람들은 영원히 버림을 받게 됩니다(딤전 1:7-10; 마 25:31-46; 빌 2:9-11).

나를 강하게 하신 그리스도

(창 39:9; 빌 4:13; 히 2:14-15, 11장)

◆ 재 료

> 짧게 자른 밀짚 여러 개, 밀짚 길이의 못 한 개.

이 밀짚은 인간의 모습을 보여주는 좋은 예입니다. 이 밀짚 한 가닥을 들어 구부려 보세요. 쉽게 굽혀집니다. 이번에는 밀짚을 끊어보세요. 역시 쉽게 끊어집니다. 인간도 악의 세계와 마귀에 의해 쉽게 구부려지고 끊어집니다.

이 밀짚은 그 속에 못이 든 특별한 밀짚입니다. 못은 하나님의 아들을 상징합니다. 그리스도는 영원한 하나님이기 때문에 막강하십니다. 그리스도는 자신을 낮추셔서 이 땅에 내려와 인간이 되셨습니다. 이 못이 밀짚 속에 들어가 있는 것처럼 그리스도도 인간의 생명 속으로 들어오셨습니다. 그리스도는 인간에게 신성한 힘을 주시기 위해 오셨습니다. 히브리서 2장 14-15절에는 다음과 같이 기록되어 있습니다. "자녀들은 혈육에 함께 속하였으매 그도 또한 한 모양으로 혈육에 함께 속하심은 사망으로 말미암아 사망의 세력을 잡은 자 곧 마귀를 없이 하시며 또 죽기를 무서워하므로 일생에 매여 종노릇하는 모든 자들을 놓아주려 하심이니"(갈 4:4-7도 참조하세요).

그러면 못이 든 이 밀짚을 다른 밀짚 옆에 놓아 보겠습니다. 이 밀짚은 못으로 지지되고 강화된 것입니다. 그러므로 세상이나 마귀에 의해 굽혀지거나 끊어지지 않습니다. 이 밀짚은 신앙에 의한 그리스도 안에서의 삶을 상기시켜 줍니다. 성경은 이러한 삶이 어떻게 발생하는가를 말해줍니다(벧후 1:3-4).

요셉은 그의 형제들에 의해 노예로 팔렸습니다. 우상숭배의 나라 이집트에서 그는 세상의 길을 걸었고 그리하여 신앙을 잊어버렸습니다. 그러나 그는 구세주를 약속하신 하나님 안에서 힘을 찾았습니다. 보디발의 아내가 요셉과 간통하려고 그를 유혹하였을 때 그는 그 유혹에 굽히지 않았습니다. 하나님 안에서 그는 힘을 가진 것입니다. 요셉은 다음과 같이 말할 수 있었습니다. "내가 어찌 이 큰 악을 행하여 하나님께 득죄하리이까?"(창 39:9).

나는 주님 안에서 강했던 모세와 요시야를 생각합니다.

　사사기에서 우리는 드보라, 기드온, 삼손과 같은 많은 강한 지도자를 봅니다. 삼손은 한때 자신이 혼자서도 목숨을 건 전투를 수행할 만큼 충분한 힘을 가졌다고 생각했으나, 블레셋 사람들에게 잡히고 말았습니다. 나중에 삼손은 하나님의 힘에만 의존해야함을 깨달았습니다(삿 14-16. 하나님에게서만 힘을 발견한 신앙심 깊은 영웅들은 히브리서 11장에도 기록되어 있습니다).

　그리스도가 없이는 어떤 생명도 강하지 않습니다. 어떤 사람들은 자신의 삶을 살기를 고집합니다. 또 어떤 사람들은 다른 사람과의 얄팍한 교제가 도움이 될 것처럼 생각합니다. 또 어떤 사람들은 품위있는 사람들과 교제만 잘하면 자신의 삶이 안전하고 의미가 있을 것처럼 생각합니다. 그러나 이러한 사람들은 모두 종국에 가서는 굽혀지고 부러지게 됩니다(밀짚을 한 다발 집어서 한꺼번에 굽혀지는가를 시험해 보세요). 오직 그리스도만이 진정하고 영원한 힘을 주실 수 있습니다. "내게 능력 주시는 자 안에서 내가 모든 것을 할 수 있느니라"(빌 4:13).

그리스도의 진정한 성찬식 참예

(마 26:26-28; 고전 10:16; 고전 11:27; 히 1:1-3)

◆ 재 료

샐먼이 그린 그리스도의 초상화

가장 인기있는 그리스도의 초상화 중 하나는 워너 샐먼이 그린 초상화입니다. 샐먼은 복음서를 통해 몇 개월 동안 그리스도의 삶을 깊이 공부한 후 초상화를 그렸습니다. 그는 현현하신 하나님의 말씀에 관한 천국의 그림을 신앙의 눈으로 보았습니다. 그런 다음 그는 위대한 봉사와 섬김으로써 그리스도의 초상화를 그렸습니다. 이 초상화에는 그리스도의 자애로운 은총, 동정, 엄숙, 진리, 왕의 풍모, 사랑 등이 표현되어 있습니다. 그리스도의 머리 주위에는 "이 분이 신이시다"라고 말하는 것같은 천국의 빛이 비추고 있습니다. 히브리서에는 이러한 그리스도의 모습에 관해 다음과 같이 기록되어 있습니다. "…하나님이… 아들로 우리에게 말씀하셨으니… 이는 하나님의 영광의 광채시요 그 본체의 형상이시라. 그의 능력의 말씀으로 만물을 붙드시며 죄를 정결케 하는 일을 하시고 높은 곳에 계신 위엄의 우편에 앉으셨느니라"(히 1:1-3).

샐먼이 성찬용의 빵과 포도주의 형상으로 그리스도의 얼굴에 빛을 그린 것은 우연이었을까요, 아니면 의도적이었을까요? 나는 의도적이라고 생각합니다. 여기에는 얼마나 위대한 진리가 표현되어 있습니까? 이 그림을 보면 그리스도의 세상의 삶의 절정 중 하나가 생각납니다. 그것은 세족 목요일날 다락방에서였습니다. 그리스도는 빵과 표도주를 약간 드시고, 감사를 드린 후 제자들에게 빵과 포도주를 주셨습니다. 그 때 그리스도는, "이것은 내 몸이니라… 이것은 죄 사함을 얻게 하려고 많은 사람을 위하여 흘리는 나의 피 곧 언약의 피니라."라고 말씀하셨습니다(마 26:26-28).

그리스도의 진정한 성찬식 참예는 그리스도가 다락방에서 다음과 같이 말씀하신 것으로부터 분명합니다. "이것은 내 몸이며, 내 피니라." 이 성찬식이 그리스도의 율법에 따라 수행될 때는 장소를 불문하고 그리스도께서 구원의 약속으로서 그의 몸과 피를 가지고 오십니다. 그리스도는 성찬식에 실재로 참예하시므로 그리스도를 믿는 사람들의 생명 속으로 들어오시고 용서, 평화, 기쁨, 힘으로 위로하시고 축복하십니다. 빵과 포도주는 성찬 예배자들에 의해 자연스럽게 받아들여집니다. 그리스도의 몸과 피는 그의 말씀과 권능에 근거하여 초자연적인 방법으로 받아들여집니다. 그리스도의 실재의 성찬식 참예는 하나님으로서 그리스도의 영광에 근거합니다. 이러한 참예는 성경에 여러 번 기록되어 있습니다. "우리가 축복하는 바 축복의 잔은 그리스도의 피에 참예함이 아니냐?"(고전 10:16). 또 바울은 신앙심 없이 합당치 않게 성찬예배를 하는 성찬예배자들은 주의 몸과 피를 범하는 죄가 있다고 경고합니다(고전 11:27).

그리스도의 영광은 그가 약속하신 대로 진정 성찬에 참예하심을 믿도록 해주십니다. 이러한 실재의 참예는 진실한 신앙과 엄숙한 생각으로 성찬을 올리는 이들을 움직입니다. 이러한 사람들은 천국의 이쪽 편에서 영접될 수 있는 가장 큰 그리스도의 사랑의 약속을 영접할 예비가 되어 있습니다.

주님의 기쁨

(눅 24:13-25)

◆ 재 료

하트모양의 흰 종이(색인 카드 정도의 무게). 촛불 램프나 확장코드로 연결된 밝은 전구. 이 전구는 안전해야 한다. 목화 봉오리와 레몬주스. 목화 봉오리에 레몬주스를 묻혀 하트 위에 "기쁨"이라는 단어를 쓴다. 육안으로는 이 글씨가 보이지 않는다. 촛불이나 전구에 가까이 비추면 글씨가 보이게 된다.

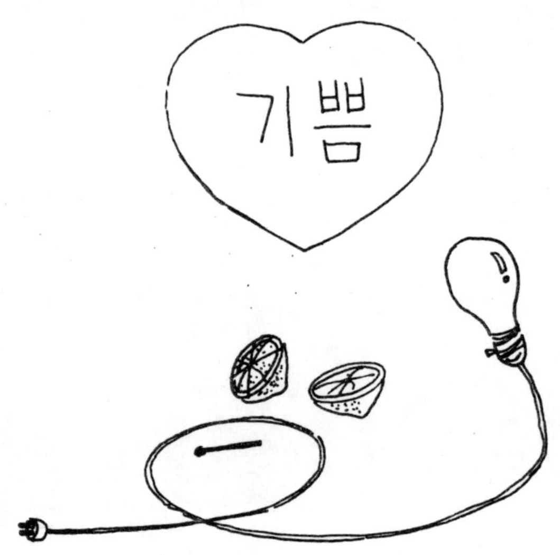

그리스도를 믿는 이들은 죄 사함을 통하여 새로운 마음을 갖게 됩니다. 새로운 마음은 영적인 선물을 받아들일 준비가 되어 있습니다. 영적인 선물은 구세주와의 가까운 친교를 통해 얻게 됩니다. 그리스도가 없이는 그러한 선물을 찾아낼 수가 없습니다.

그리스도가 부활하신 오후에 두 명의 제자가 예루살렘에서 엠마오를 향해 걷고 있었습니다. 그들은 예루살렘에서 일어났던 일들을 이야기하였습니다. 바로 나사렛 예수께서 십자가에서 처형되었던 것입니다. 그 제자들은 매우 슬펐습니다(눅 24:13-35).

한 낯선 사람이 그들과 합류하여 이야기하였습니다. 그는 바로 예수님으로서, 약속된 그리스도가 수난을 당해 돌아가시어 하나님의 영광 속으로 들어가게 된다는 구약성서의 기록을 증명해 보이셨습니다. 예수님과 두 제자가 마을에 도착했을 때, 두 제자는 예수님에게 함께 머물러 주실 것을 간청했습니다. 그때까지만 해도 그들은 예수님을 알아차리지 못했습니다. 그러나 모두 함께 앉아 식사를 시작할 때 예수님은 빵으로 축복을 내리셨습니다. 그러자 제자들은 예수님을 알아보았고 그 순간 예수님은 사라지셨습니다.

제자들은 예수님과 매우 가까이에 있었습니다(하트를 전구에 가깝게 비추어 보세요). 전구는 예수님을, 즉 세상의 빛을 상징합니다. 하트는 제자들의 마음을 상징합니다. 제자들이 예수님에 가까이 있을 때 그들은 놀라운 영적인 선물을 경험했습니다. 즉 기쁨이 그들의 생명 속으로 들어왔습니다. 그들의 마음은 예수님의 말씀과 참예에 의해 따뜻해졌습니다. 예수님이 떠나신 후 제자들은 다음과 같이 말했습니다. "예수님이 길에서 우리에게 말씀하시고 우리에게 성경을 풀어주실 때에 우리 속에서 마음이 뜨겁지 아니하더냐?"(눅 24: 32).

우리도 예수님께 가까이 있어 그 분의 말씀을 들으면 우리의 신앙이 성장할 뿐만 아니라 성령의 선물도 성장합니다. 위대한 영적인 선물 중 하나는 주님의 기쁨입니다. 기쁨은 예수님이 참예하실 때 신자의 심장 속에 신앙의 불길로부터 일어나는 따뜻함입니다.

때때로 실망이 나타나기도 합니다. 그러나 우리가 예수님께 가까이 머무르는 한 주님의 기쁨이 우리의 고통을 압도하게 됩니다.

그리스도의 피로 깨끗해짐

(히 2:14-15, 7:25-26; 요일 1:7-9)

◆ 재　료

> 　　이 증명을 위해서는 여섯 가지(두 부류로 분류됨)의 용액이 필요하다.
> 　　1. 옥도정기(2% 용액), 식초 및 옥수수전분 용액. 옥수수전분 용액을 준비하려면 약 반 리터의 물에 옥수수전분을 한 티스푼만큼 탄 후 이 묽은 용액에 끓는 물을 적당히 섞는다. 그런 다음 식히면 훌륭한 옥수수전분 용액이 된다. 이 전분용액과 식초를 같은 양으로 섞어 놓는다. 나중에 시범중에 옥도정기를 첨가시킨다.
> 　　2. 반 리터의 물에 소다 한 티스푼을 섞은 소다용액, 티오황산염 나트륨 용액. 이것은 반 리터의 물에 네 스푼의 티오황산염 나트륨을 섞어서 만든다. 지시용액(그루브사의 브로머키니네정으로 만듦). 반 리터의 끓는 물에 키니네정을 녹이면 된다. 이 액체를 시범에 사용할 수 있도록 적당한 용기에 따라 놓는다. 지시용액은 황색을 띠게 된다. 세 용액을 같은 양으로 섞으면 혼합용액이 붉게 된다(알칼리성 소다용액과 키니네정의 페놀프탈렌이 반응하면 붉게 된다).

　　이 증명을 보다 효과적으로 수행하기 위해 0.5리터 용량의 용기 두 개를 사용하고자 합니다. 한 용기는 첫번째 용액을 담기 위한 것으로서 표면의 아래 반에 흰색의 하트무늬가 새겨져 있습니다. 두 번째 용액을 담는 용기는 표면 전체에 흰 십자가가 새겨져 있습니다. 먼저 첫번째 하트용기를 식초와 전분용액으로 가득 채웁니다. 그리고 두 번째의 십자가 용기에 위 2번 용액을 가득 채웁니다.

　　하트용기는 창조된 인간의 심장을 나타냅니다. 하나님은 인간을 특별한 방법으로 만드셨으며 자신의 형상에 따라 만드셨습니다. 이는 하나님이 인간의 영혼에 신성, 의로움 및 영적인 지식을 불어넣었음을 의미합니다. 이 용액처럼 인간의 심장과 영혼도 정결하였습니다.

　　어느날 마귀가 인간에게 다가와 죄를 범하도록 유혹하였습니다(창 3). 이 옥도정기 병은 죄를 상징합니다. 병 위에는 경고의 의미로서 해골무늬가 새겨져 있습니다. 옥도정기를 마시면 치명적인 독이 됩니다. 하나님은 아담과 이브에게, "네가 먹는 날에는 정녕 죽으리라"고 말씀하셨습니다(창 2:17). 아담과 이브는 이 명령에 대해 어떻게 생각하였을까요? 그들은 하나님께 복종하지 않고 죄를 범했습니다. 죄는 그들의 심장 속으로 들어왔습니다. 내가 이 용액을 흔들어 떨어뜨려 보겠습니다. 옥도정기 방울이 완전히 검게 변합니다. 마찬가지로 죄가 인간을 지배하게 되었습니다. 죄로 인해 인간은 신성, 의로움 및 영적인 지식을 상실하였습니다. 인간은 하나님 안에서의 영적인 생명을 잃어버려 영원한 죽음의 운명에 처하게 되었습니다. 성경은 기록합니다. "모든 사람들은 죄악 중에 출생하였나이다"(시 51:5). "죄의 삯은 사망이니라"(롬 6:23). 죄는 치명적인 독입니다.

그러나 하나님은 위대한 사랑으로써, 인간이 구원될 길을 계획하셨습니다. 하나님은 약속을 하셨고 그리하여 구세주를 보내셨습니다(붉은 용액으로 가득 찬 십자가 용기를 보여주세요). 하나님은 인간의 육신이나 죄가 없는 아들을 보내셨습니다(히 2 : 14-15, 7:25-26; 갈 4:4-7). 예수님은 진정한 신인이십니다. 예수님은 인간이 할 수 없는 것을 하시기 위해 오셨습니다. 예수님은 모든 사람들을 위해 하나님의 율법을 완벽하게 지키셨고 인간의 죄를 위해 십자가 위에서 자신의 신성한 생명을 바치셨습니다. 예수님은 죄인들의 세상을 위해 용서가 있도록 자신의 신성하고 귀중한 피를 흘리셨습니다.

그리스도를 믿는 이마다 개인적인 죄 사함을 받습니다. 이 붉은 용액을 검은 용액에 넣어보면 하트가 다시 희고 순결하게 됩니다. 마찬가지로 하나님의 눈에는 그리스도의 신자들이 용서를 받게 되고 죄로부터 해방되며 그리하여 천국에 들어갈 수 있도록 선언됩니다. "그 아들 예수의 피가 우리를 모든 죄에서 깨끗하게 하실 것이요 만일 우리가 죄 없다 하면 스스로 속이고, 또 진리가 우리 속에 있지 아니할 것이요, 만일 우리가 우리 죄를 자백하면 저는 미쁘시고 의로우사 우리 죄를 사하시며 모든 불의에서 우리를 깨끗게 하실 것이요"(요일 1:7-9).

◆ 주: 티오황산염 나트륨은 전분·옥도정기 용액의 검정색을 탈색시킨다. 또한 식초는 지시소다용액의 붉은 색을 탈색시킨다. 어린이들이 용액을 맛보거나 삼키지 않도록 주의해야 한다. 용액원료는 수퍼마켓이나 약방에서 쉽게 구입할 수 있다.

　　이 교훈을 간단하게 연출하려면 하트용기 내의 전분용액에 죄를 상징하는 옥도정기를 추가시킨다. 두 스푼의 티오황산염 결정체를 담을 작은 용기 뚜껑에 나무십자가를 붙인다. 정화효과를 보여주기 위해 티오황산염 결정체를 검은 용액에 떨어뜨린다.

생명의 면류관

(시 1:5; 행 9장; 딤후 4:6-8; 계 2:10)

◆ 재 료

> 샤프 연필, 반지, 연필길이의 흰 마분지 십자가

이 연필은 본래의 인간을 나타냅니다. 인간은 본래 자만심과 긍지에 가득 차 있으며 자기 중심적입니다. 우리 인간은 실수를 하면 가능한 한 그 흔적을 지워버리려고 합니다. 나는 이와 같은 인간이 성경에 기록되어 있는 것이 생각납니다. 내가 말하는 이 성경 속의 인물은 바울이 되기 전의 사울입니다. 사울은 자신을 위해 살았으며 자신이. 하나님께 올바르다고 생각했습니다. 심지어 그는 그리스도를 믿는 이들을 박해했음에도 하나님께 봉사하고 있다고 생각했습니다.

이 반지를 연필에 끼워 보겠습니다. 이 반지는 그리스도가 모든 사람들을 위해 구해놓으신 생명의 면류관을 상징합니다. 하나님은 이와 같은 반지를 모든 사람들에게 주기를 원하십니다. 왜냐하면 하나님은, "아무도 멸망치 않고 다 회개하기에 이르기를 원하시기"(벧후 3:9) 때문입니다. 그러나 반지가 완전히 빠집니다. 이처럼 사울은 생명의 면류관을 영접할 수 없었습니다. 왜냐하면 그는 당당하게 자신에게 봉사하였기 때문입니다. 그는 그때까지도 신앙이 없었습니다. "그러므로 악인이 심판을 견디지 못하게 됩니다"(시 1:5).

이제 이 십자가를 클립 밑에 깨워보겠습니다. 나는 다시 면류관을 써보겠습니다. 면류관은 십자가의 팔로 지지되기 때문에 계속 머물러 있습니다. 십자가는 그리스도가 죄인들을 위해 하신 모든 것들을 상징합니다. 그리스도는 죄인들이 구원을 받아 천국에 갈 수 있도록 세상의 죄를 없애기 위해 십자가 위에서 돌아가셨습니다(요 3:16-17). 십자가가 연필을 덮는 것처럼 그리스도의 의로움이 우리의 죄를 덮어 우리를 하나님 앞에서 올바르게 만듭니다.

사울은 다메섹에서 그리스도를 만났습니다(행 9:9). 그 때 그는 자기가 자신의 죄 속에서 상실될 것을 깨달았습니다. 그는 그리스도의 구원의 힘에 의해 그의 마음과 생명 속으로 그리스도를 영접하였습니다. 그는 생명의 면류관이 그의 것임을 알았습니다. 그리하여 그는 그리스도에 봉사하기 위해, 즉 하나님 앞에서 올바르게 되어 생명의 면류관을 영접하는 방법을 다른 사람들에게 전파하기 위해 일생을 보냈습니다. 면류관은 그리스도인이 천국에서 가질 영광의 상징입니다.

우리는 생명의 면류관에 대한 사도 바울의 기쁨에 관해 읽을 수 있습니다. 그는 그리스도를 위해 죽음을 기다리고 있었습니다. 그러나 그는 용기와 희망을 잃지 않았습니다. 그는 하나님 앞에서 올바랐던 것입니다. 그는 생명의 면류관을 확신하였습니다. 그는 다음과 같이 말했습니다. "나는 벌써 부음이 되고 떠날 기약이 가까왔도다. 내가 선한 싸움을 마치고 나의 달려갈 길을 마치고 믿음을 지켰으니 이제 후로는 나를 위하여 의의 면류관이 예비되었으므로 주 곧 의로우신 재판장이 그날에 내게 주실 것이니 내게만 아니라 주의 나타나심을 사모하는 모든 자에게이니라"(딤후 4:6-8).

예수님은 말씀하셨습니다. "네가 죽도록 충성하라. 그리하면 내가 생명의 면류관을 네게 주리라"(계 2:10).

우리는 십자가의 그리스도를 보면서 다음과 같이 매일 고백하도록 합시다.

나는 거짓되고 죄에 가득 차 있습니다.
그리스도는 진실과 은총으로 가득 차 계십니다.
그리스도에게는 은총이 넘쳐 흐릅니다.
나의 모든 죄를 덮어줄 은총이

하나님이 면류관을 주실 때가 오면 면류관은 우리의 것이 됩니다. 우리는 예수님이 십자가 위에서 우리를 위해 구해주신 면류관으로 덮이게 됩니다.

혼자서 걷는 것은 죽음입니다. 그리스도와 함께 걷는 것은 생명입니다.

여러분은 어떤 길을 걷고 있습니까?

어두운 겟세마네

(마 27:46; 눅 22:42)

◆ 재 료

> 8 1/2인치×11인치 크기의 흑색종이, 가위, 시연중 아래 그림에서처럼 접어 자른다.

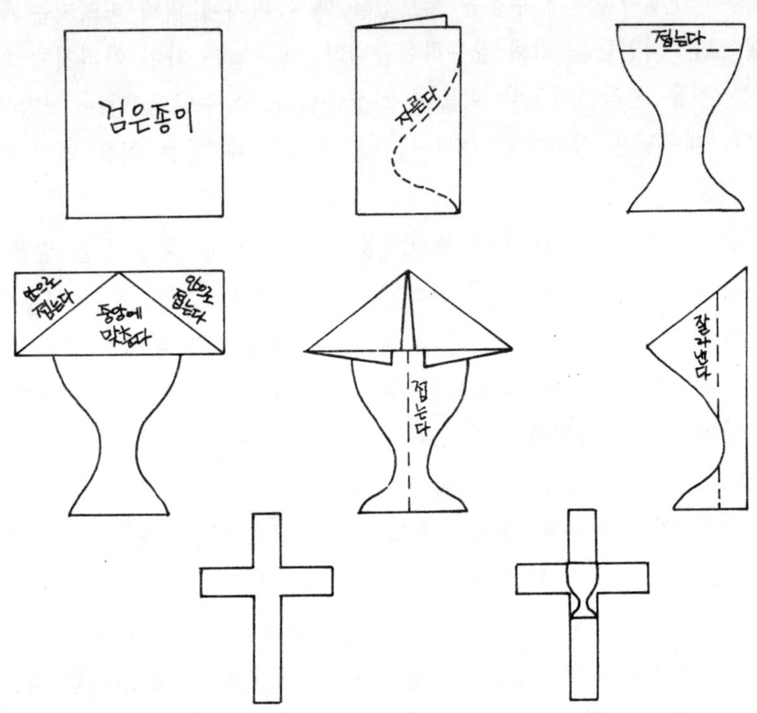

왜 예수님에게는 겟세마네가 그토록 어두웠습니까? 이 검은 종이를 보세요. 이 검은 종이를 가지고 겟세마네가 그렇게 어두웠던 이유를 설명해 보겠습니다. 먼저 종이를 접어 잔 모양으로 자릅니다. 예수님은 겟세마네에서 기도를 드리면서, "아버지여… 이 잔을 내게서 옮기옵소서."라고 말씀하셨습니다 (눅 22:42).

예수님은 무슨 의미로 잔이라고 하셨습니까? 그것은 혹독한 수난에 대해 비유한 것입니다. 분명히 예수님은 유다가 배신하고 베드로가 부인하며 제자들이 버리며, 그리고 군병들이 자신을 십자가에 못박을 것을 아셨습니다. 이러한 모든 것들이 예수님에게 수난을 가져다 주었습니다. 그러면 예수님은 무슨 의미로 잔이라고 하셨을까요? 이 잔을 접어서 다시 잘라보겠습니다. 이제 우리 앞에는 검은 십자가가 나타났습니다. 이 십자가는 죄의 삯이 죽음임을 상기시키기 위해 검습니다. 죄는 영원한 죽음을 수반합니다. 예수님은 죄인들을 대신하기 위해 오셨습니다. 예수님은 십자가 위에서 고난을 당하시고 돌아가실 때 모든 사람들의 영원한 죽음을 맛보지 않으면 안되었습니다. 예수님이 견디셔야 하는 것은 육체적인 고통만이 아니라, 십자가에 못박힌 자신을 그분의 아버지가 버려야하지 않을 수 없을 때 마음과 영혼의 깊은 슬픔과 고뇌였습니다(마 27:46 참조).

예수님이 겟세마네에서 무릎을 꿇으셨을 때 아버지에 의해 버려지는 무서운 고통을 모든 죄인들을 위해 감수하셨습니다. 예수님은 차마 아버지에 의해 버려진다는 것을 생각하기조차 힘들어 하셨습니다. 예수님의 땀은 핏방울로 되었습니다. 예수님은 십자가로 가서 세상을 구원할 수 있는 힘을 얻기 위해 기도했습니다.

예수님이 여러분과 나를 위해 돌아가셨으므로 우리는 죄 사함을 받은 것입니다. 우리는 우리의 아버지로서 하나님을 알며, 항상 그리스도의 이름으로 하나님께 가서 용서를 빌 수 있습니다. 예수님의 이름으로 우리는 모든 것에 관해 기도로 우리의 아버지께 말씀드릴 수 있습니다.

"예수님의 슬픔을 외면하지 말고,

기도를 하시는 예수님을 배우도록 해주시옵소서."

겟세마네와 같은 어두운 때에는 우리도 하나님께 말씀드릴 수 있습니다. 진정한 기도는 하나님의 뜻이 우리의 뜻을 형성하도록 하는 것입니다. 예수님은 우리를 위해 기도의 특권을 주시고 우리의 기도에 권능을 부여하셨을 뿐만 아니라 우리의 기도를 위한 정형이 되십니다. "아버지여… 내 원대로 마옵시고 아버지의 원대로 되기를 원하나이다"(눅 22:42).

◆ 주: 여러분이 기도·명상의 예를 더 수행하고 싶으면, 한쪽은 검고 다른 쪽은 흰 종이를 구하여, 사람들이 검은쪽만 보도록 접습니다. 그런 다음 우리의 기도에 관한 설명시 십자가의 가운데에서 잔을 잘라 냅니다. 그런 다음 흰쪽을 보이면서 다음의 시편 116편 13절을 인용하시기 바랍니다.

"내가 구원의 잔을 들고 여호와의 이름을 부르노라."

신성한 차원

(눅 2:25-38; 갈 2:20; 빌 1:21)

◆ 재 료

> 흰 종이와 갈색 종이. 이 두 종이를 각각 원추형으로 만든다. 흰 원추 위
> 에는 붉은 글씨로 "십자가 로"(+)를 쓴다.

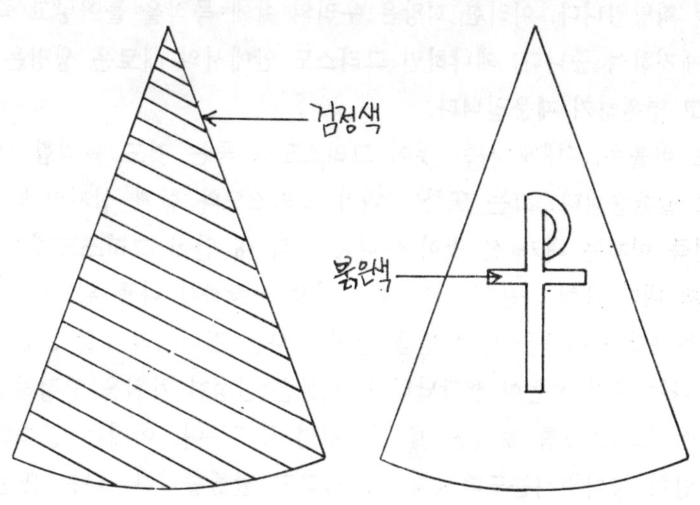

먼저 이 갈색 원추를 보세요. 이것은 인간의 생명을 연상시킵니다. 밑변은
넓습니다. 생명은 이 밑변에서 시작하여 시간이 지남에 따라 점점 끝 정점을
향해 좁아집니다. 육체도 노쇠해집니다. 곧 육체적 생명은 다하게 됩니다. 인
간은 이러한 사실을 인식하고 있으며 이로써 허탈감에 빠집니다. 사람들은 삶
을 위한 의미를 찾고자 시간의 지푸라기를 잡습니다.

하나님도 이 점을 물론 알고 계셨습니다. 하나님은 인간을 위한 커다란
사랑에서 인간에게 삶에 대한 신성한 차원을 제공하기 위해 아들을 보내셨습
니다.

다음은 이 흰색 원추를 보기 바랍니다. 그것에 쓰여진 기호는 그리스도의
구속을 상징합니다. "로"(rho)는 희랍어로서 그리스도라는 표기의 두 번째

글자에 해당합니다. 첫번째 글자는 대개 X로 표기 되는 "카이"(chi)입니다. 그러나 때때로 "로"는 세로 획에 가로 획만을 그어 십자가 모양으로 씁니다. 가로 획은 "카이"가 됩니다. 이는 그리스도가 인간에게 영원한 생명을 가져다 주시기 위해 세상의 죄를 대신하여 돌아가셨음을 의미합니다. 그리스도는 진정 세상의 구세주이십니다.

　　이 그리스도의 원추(거꾸로 된)를 인간의 원추 옆에 놓아보겠습니다. 이 형상은 신앙을 통해 이루어지는 거듭남을 나타냅니다. 그리스도가 인간의 생명 속으로 들어오시도록 하면 어떻게 달라지는가를 보기 바랍니다. 그 때에는 생명에 신성의 차원이 부여됩니다. 그리하여 이 세상의 생명이 다할 때 그리스도 안에서 영원한 생명을 영접하므로 어떤 상실도 없습니다. 이것이 바로 기독교적 희망입니다. 이러한 희망은 우리의 삶에 목적을 불어넣고 죽음의 두려움을 제거하여 줍니다. 왜냐하면 그리스도 안에서의 새로운 생명은 결코 끝나지 않고 영원하기 때문입니다.

　　사도 바울은, "내게 사는 것이 그리스도니 죽는 것도 유익함이니라"(빌 1:21)고 말했습니다. 그는 또한, "내가 그리스도와 함께 십자가에 못박혔나니, 그런즉 이제는 내가 산 것이 아니요 오직 내 안에 그리스도께서 사신 것이라 이제 내가 육체 가운데 사는 것은 나를 사랑하사 나를 위하여 자기 몸을 버리신 하나님의 아들을 믿는 믿음 안에서 사는 것이니라"(갈 2:20)고 말했습니다. 나는 또한 시몬이 생각납니다. 시몬은 신성한 차원을 영접하였으며 나이가 들어 그리스도를 보았을 때 기뻐하면서, "주여, 이제는 말씀하신 대로 종을 평안히 놓아주시는도다"(눅 2:29)라고 말했습니다. 나는 또한 나이가 들었으나 희망에 가득찬 안나(눅 2:38)를 생각합니다.

성령의 충만

(행 2:4; 롬 8:9; 고전 12:3)

◆ 재 료

커다랗고 질기며 둥근 붉은 풍선

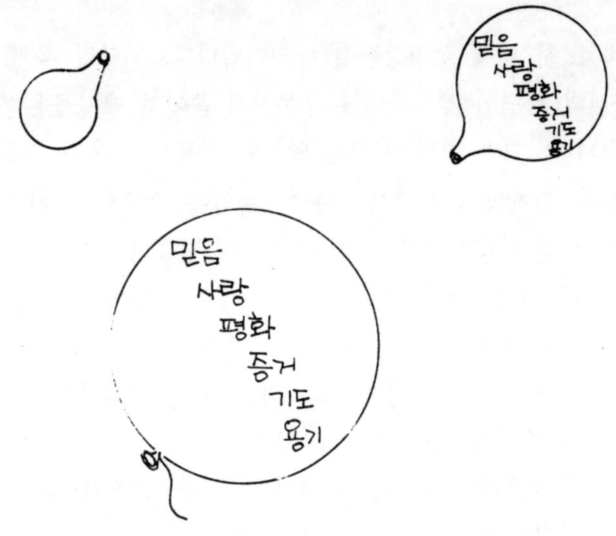

이 불지 않은 풍선은 우리의 천성 그대로의 인간을 나타냅니다. 풍선은 공기로 불도록 만들어져 있습니다. 이 불지 않은 풍선이 맹목적인 것처럼 모든 인간도 본질적으로 하나님의 성령을 결여하고 있습니다.

이 풍선은 붉은 색입니다. 성경은 그리스도가 자신의 귀중한 피와 무고한 수난과 죽음으로써 온 세상을 위해 대속하셨다고 기록합니다.

나의 숨길은 하나님의 성령을 상징하게 됩니다. 성경에는 하나님의 성령이 종종 하나님의 숨길로 불리웁니다(풍선을 조금만 불어보세요.) 보다시피 내 숨길이 이 풍선 속으로 들어가서 형상이 이루어졌으며, 이제 그 목적을 달성하기 시작합니다. 이 풍선이 나의 숨길을 받아들이기 위해 그 스스로는 아무것도 하지 않았던 점에 주목하기 바랍니다. 이와 마찬가지로 인간은 그리스도를 믿게 될 때까지 본질적으로 어떤 것도 할 수 없습니다. 하나님의 성령만이 복음에 의해 인간을 부르며 인간을 신앙으로 인도합니다. 인간은 구원을 받으려면 영적인 생명을 영접하여야 합니다. 성경은, "누구든지 그리스도의 영이 없으면 그리스도의 사람이 아니라"고 기록합니다(롬 8:9).

하나님의 성령이 우리의 생명 속으로 들어올 때 우리에게 새로운 생명과 많은 영적인 선물을 가지고 오십니다. 성령이 가지고 오는 첫 번째 선물은 믿음입니다. 나는 이 말을 작은 글씨로 풍선 위에 써 놓았습니다(어린들에게 다른 선물도 말해보도록 하세요). 성령에 딸린 선물은 믿음, 사랑, 기쁨, 증거, 기도, 용기 등입니다. 이제 내가 풍선을 적당한 크기로 불어보일 테니까 이들 선물이 쓰여 있는지 살펴보기 바랍니다. 자, 이제 글씨가 잘 보이게 될 것입니다.

이것이 바로 첫 번째 성령강림절의 의미입니다. 부활절 후 50일째 되는 이 날에 하나님의 성령이 제자들에게 풍부하게 쏟아져 제자들은 성령으로 충만하게 되었습니다. 이와 함께 시작된 영적인 선물은 더욱더 그들을 채웠고, 이리하여 그들은 증거의 삶속에서 그들의 목적을 수행하기 시작하였습니다(행 2). 그들은 다른 사람들에게 예수님을 전파하였습니다.

이와 같이 제자들은 성령강림절 이전에 성령을 받아들였습니다. 그들이 그리스도를 믿었다는 사실은 "어느 누구도 성령으로 아니하고는 예수를 주시라 할 수 없다"는(고전 12:3) 증거였습니다. 그러나 그때까지 제자들은 성령으로 충만되지 않았습니다. 그들은 너무 두려웠습니다. 그들은 용기가 없었습니다. 그들은 서로 다투었고 때로는 불행하였습니다. 그들은 과감하게 증거하지 않았습니다. 실제로 베드로는 불과 몇 주 전에 어떤 사람이 그리스도의 추종자가 아니냐고 물었을 때 그리스도를 부인하였습니다. 그러나 하나님의 성령이 제자들을 충만시키자 그들의 생명 속에서 영적인 선물이 커졌고, 그리하여 그들은 용기있게 증거하였습니다. 베드로는 수천 명의 사람들에게 복음을 전파하였습니다. 다른 제자들도 복음을 전파하면서 도처를 돌아다니며 증거하였습니다.

성령강림절은 하나님의 성령이 세상에서 활동했던 최초의 시기는 아닙니다. 하나님의 성령은 하나님이 세상을 창조하실 때 활동하였습니다. 성령은 구약성서 시기의 신도들의 마음 속에서 활동하였습니다. 성령은 선지자, 사도,. 복음주의자 등을 고쳐시켜 성경을 기록하도록 하였습니다. 성령은 인간들을 신앙으로 인도하였으며 앞으로도 계속 이 신성한 사역을 계속하여 사람들을 충만시킬 것입니다. "저희가 다 성령의 충만함을 받고 성령이 말하게 하심에

따라 다른 방언으로 말하기를 시작하니라"(행 2:4). 이것이 바로 최초의 성령
강림절의 비밀이자 의미입니다. 휘몰아치는 바람과 불꽃의 분열은 성령의 내
적 사역의 외부적 상징일 뿐이었습니다.

신약성서 시대의 그리스도인들은 매일 성령강림절을 가질 수 있습니다.
우리가 하나님의 말씀을 새겨듣고 기도를 통해서 성령을 찾을 때마다 하나님
의 성령이 오십니다. 이것이 바로 성령강림의 권능에 이르는 경로입니다. 하나
님은 우리가 성령으로 충만된 그리스도인이 되어 하나님을 위해 일생을 사는
우리의 소명을 이행하기를 원하십니다.

실패에서 믿음으로

(요 3:1-16)

◆ 재 료

> 대문자 F 모양의 종이. F의 맨 위 가로 획에 고리를 만든다. 글자 F를 이중으로 만든다. 하단 가로 획에는 고리가 없다. F의 바깥쪽은 검게 색칠하고 안쪽은 흰색으로 남겨둔다. 상단 가로 획 아래 부분은 붉게 칠한다. 상단 가로 획을 잘라내어 대문자 I를 만들고 그 나머지 부분은 십자가가 되게 한다.

여러분은 이 글자 F가 무엇을 나타낸다고 생각합니까? 제가 힌트를 드리겠습니다. 그것은 죄가 인간의 생명에 영향을 미친 어떤 것을 나타냅니다. 그렇습니다. 그것은 바로 두려움입니다. 또한 실패이기도 합니다. 요한복음 3장에는 니고데모라는 사람에 관한 이야기가 있습니다. 그는 바리새인이었고 유대인의 관원이었습니다. 그는 올바르게 살고 하나님께 올바르도록 열심히 노력했으나, 그의 양심은 항상 그가 여전히 충분히 하지 않았다고 비난하였습니다. 죄 사함이 없었으므로 그는 두려움에 차 있었고 비참한 실패자라고 생각했습니다. 니고데모는 심지어 밤에 잠을 잘 이룰 수가 없었습니다. 드디어 그는 예수님께 가기로 결정했습니다. 그리하여 그는 다시는 잠이 오지 않는 두려운 밤을 지내지 않게 됩니다.

예수님은 니고데모의 문제를 즉시 알아채셨습니다. 예수님은 그에게, "육으로 난 것은 육이요, 거듭나지 않은 사람은 하나님의 왕국을 볼 수 없느니라"고 말씀하셨습니다. 거듭나지 못하는 사람은 계속 실패자로 남습니다.

예수님은 그날 밤 니고데모의 마음에 어떤 영혼의 수술을 하셨습니다. 이 가위가 글자 F를 잘라 I를 만들듯이 예수님은 니고데모의 마음을 잘라 그에게 그 자신의 문제를 보여주셨습니다. 니고데모는 진정 자신을 사랑하게 되었습니다. 그는 다른 바리새인들과 같이 자신의 선행에 의해 하나님 앞에서 충분히 선하다고 생각했었습니다. 예수님은 그로 하여금 자신을 자세히 살피도록 하셨습니다. 이 글자 I는 우리에게 죄를 상기시키기 위해 검게 만들었습니다. 니고데모는 자신을 죄인, 즉 육에서 태어났을 뿐 영혼이 없는 사람으로 보지 않을 수 없었습니다. 그는, "나는 죄를 범했다. 나는 그리스도의 용서가 필요하다."라고 고백해야만 했습니다.

예수님은 니고데모에게 한 구약성서 이야기를 상기시켜 주셨습니다. 그 이야기는 광야에서 뱀을 든 모세에 관한 것이었습니다. 예수님은, "그와 같이 인자도 들려야 하나니, 이는 저를 믿는 자마다 영생을 얻게 하려 하심이니라."라고 말씀하셨습니다(요 3:14-15).

(이제 F의 나머지 부분의 붉은 부분을 보여주세요. 이 부분은 예수님이 니고데모에게 말씀하신 요한복음 3장 16절의 사랑의 복음을 상기시켜 줍니다.)

어떤 사람이 십자가로 올 때 그리스도는 거듭남의 기적을 행하십니다. 죄는 정화되고 영적인 생명이 주어집니다(글자 I의 흰 면을 보여주세요). 이것이 바로 니고데모가 그리스도를 영접했을 때 하나님께 의지한 방법입니다. 요한복음 7장 50절과 19장 39절로 미루어 볼 때, 니고데모가 거듭난 신자가 되었음은 분명합니다. 그는 예수님을 위해 사랑을 보여주었으며, 이러한 변화가 바로 신앙의 열매입니다.

다른 바리새인과 같이 니고데모도 세례 요한의 세례를 거부하고, 그러므로 해서 세례를 받으러 오신 그리스도를 거부하였습니다. 바로 이 때문에 예수님은 그에게, "물과 성령으로서 난 사람 이외의 그 누구도 하나님의 나라에 들어갈 수 없느니라."라고 말씀하셨습니다.

여러분의 자아가 죄 사함과 생명의 필요성을 자각하여 십자가의 밑으로 올 때, 성령의 힘을 입은 신앙으로써 그리스도가 여러분의 구세주로 영접됩니다. 이것이야말로 두려움과 죄의 실패를 제거하는 유일한 방법입니다.

18

하나님 말씀을 바로 듣자

(눅 8:5-15; 롬 10:17; 갈 5:22-23)

◆ 재 료

아래 그림에서처럼 접은 흰 하트. "귀," "들음," "마음" 등과 같은 낱말 카드를 준비한다. 하트 반쪽에 귀를 간략하게 그린다. 하트 오른편에 붉은 십자가를 그린다.

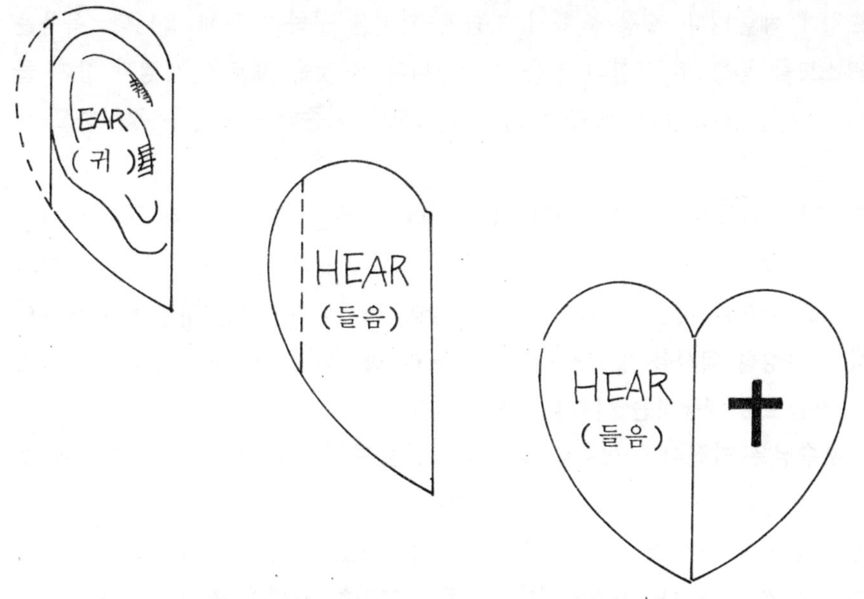

이것은 귀의 그림입니다. 귀는 겉에서 보기 보다는 훨씬 복잡합니다. 귀의 내부는 전능하신 하나님이 창조하신 매우 복잡한 체계로 되어 있으며, 이로써 들을 수가 있습니다.

귀는 무엇을 의미합니까? 귀는 들음을 의미합니다. 예수님이 말씀하신 성경구절이 생각납니다. "들을 귀 있는 자는 들을지어다"(눅 8:8). 예수님은 씨를 뿌린 사람에 관한 이야기를 들려주시고 계셨습니다. 어떤 씨는 길 위에 떨어져 곧바로 새들의 먹이가 되었습니다. 또 어떤 씨는 돌밭 위에 떨어져 곧 말라버렸습니다. 또 어떤 씨는 가시떨기 속에 떨어져 가시가 함께 자라자 가시에 찔려 자라지 못했습니다. 그러나 더러는 좋은 땅에 떨어져 어렵게 열매를 맺었습니다.

영적인 의미에서 보면 하나님의 말씀을 들음은 단지 귀로 듣는 이상을 의미합니다. 즉 마음의 내부의 귀로 들어야 합니다(하트를 펼쳐 보세요). 하트는 하나님의 말씀의 씨가 뿌려진 밭입니다. 여러분은 이 붉은 십자가를 볼 수 있겠지요? 이것은 십자가 위에서 그리스도의 죽음을 통한 하나님의 구원을 상징합니다. 하트가 그리스도를 영접하면 그리스도가 용서와 새 생명을 가져다 주시기 때문에 하트는 열매를 맺게 됩니다. "그러므로 믿음은 들음에서 나며, 들음은 그리스도의 말씀으로 말미암았느니라"(롬 10:17). 본래 모든 사람의 가슴은 황폐합니다. 황폐한 가슴은 말씀을 통한 하나님의 성령으로 예비되어야 합니다. 말씀은 율법이자 복음입니다. 율법은 처벌의 위협을 통해 가슴을 부드럽게 해줍니다. 슬픔 속에서 가슴은 자비를 구하기 위해 웁니다. 복음은 그리스도를 통한 죄 사함의 좋은 소식입니다. 이것은 새로운 생명과 함께 들어오는 씨입니다. 그리스도를 믿고 그리스도에 의존하는 가슴은 정직하고 선합니다.

어떤 사람들은 외부의 귀로만 듣습니다. 그들은 곧 잊어버립니다. 마귀는 말씀이 가슴의 내부의 귀에 도착하기 전에 나꿔챕니다. 어떤 사람들은 먼저 기쁨으로 들으나 시련이 다가오면 주저앉아 버립니다. 어떤 사람들은 세속의 관심이 성령의 역사를 질식시키도록 내버려 둡니다. 그러나 말씀을 정직하고 선한 가슴으로 영접하는 사람들도 있습니다.

예수님은 자신이 구세주로 영접되지 않으면 들음이 모두 헛된 것임을 분명히 하셨습니다. "하나님의 나라의 비밀"(눅 8:10)은 그리스도 안에서의 하나님의 은총을 의미합니다. 구세주이신 그리스도를 거부한 사람들은 바위나 잡초로 우거진 가슴을 가졌습니다. 그들은 영원한 생명의 결실을 맺을 수 없었습니다.

예수님이 인간으로서 이 땅에 사셨을 때 복음의 씨를 뿌렸습니다. 많은 사람들은 예수님의 말씀에 귀를 기울이지 않았습니다. 그러나 일부의 씨는 정직하고 선한 가슴 위에 떨어졌습니다.

예수님의 말씀을 듣고 믿음을 발견한 목자들도 있었습니다. 몇몇 어부들은 모든 것을 버리고 예수님을 따랐습니다. 마리아는 예수님의 발 밑에 앉아 오직 필요한 유일한 것을 위해 살았습니다. 바울은, "나는 음성을 들었노라."고 고백하였으며, 그 음성에 따라 결실있는 삶을 살았습니다.

이제는 우리의 차례입니다. 여러분은 하나님의 말씀을 결실있게 경청합니

까? 여러분은, "나는 죄인이다. 그리스도는 나의 구세주이시다."라는 고백을
합니까? 성령의 열매로 충만된 가슴을 가지려면 갈라디아서 5장 22-23절을
읽어보세요.

다음의 시를 음미해 보세요.

오랫동안 나는 씨뿌리는 이에게 놀랐노라
조그마한 결실에 대한 그의 희망에 길가의 돌과 가시덤불이
그의 수고를 헛되게 하였지만
그는 계속 씨를 뿌렸네
그의 미소진 얼굴은 그가 백 배나 되는
열매를 약속한 땅을 찾았음을 말해 주노라
비옥한 땅은 그가 수고와 어려움을 잊도록 도와주었도다.
그 땅은 열매를 맺었노라
영원의 생명으로 맺었노라

19

진정한 믿음과 사이비 종교

(창 4:1-8; 눅 18:9-14; 요 1:29; 행 5:1-11; 히 9:14)

◆ 재 료

모조 사탕과 진짜 초콜렛

어린이들에게 모조 사탕을 주어 보세요(이 모조 사탕은 진짜 사탕과 냄새와 생김새가 비슷하나 어린이들은 고무로 된 이 사탕을 먹을 수 없다는 사실을 알고 놀랄 것입니다). 그런 다음 이 사탕이 생김새와 안이 다르기 때문에 먹을 수 없다고 설명하세요. 즉 모조 사탕이라는 사실을 설명해주세요.

마찬가지로 사이비 신자들도 많이 있습니다. 이 사탕은 우리에게 가인을 상기시켜 줍니다. 가인은 하나님께 제물을 바치므로 신성하게 행동하려 했습니다. 그러나 그의 마음은 그렇지 않았습니다. 하나님은 그의 제물에 기뻐하지 않았습니다. 하나님은 그의 마음이 의롭지 않음을 아셨고, 따라서 그의 제물은 하나님을 기쁘게 해 드리지 않았습니다. 가인은 의식의 흉내만 냈을 뿐입니다. 그는 진정 하나님의 길을 따르지 않았습니다.

아벨은 진정한 신자였습니다. 그는 양을 제물로 바쳤으며 하나님은 그 제물을 받으셨습니다. 이미 그때 그 양 제물은 신성한 피를 흘림으로써 세상의 죄를 씻겨내실 하나님의 위대한 양을 예후하였습니다(요 1:29). 아벨은 믿음이 진실하였으므로 하나님의 규정을 따랐습니다. 진실한 믿음은 겸손한 행동으로 나타납니다. 예수님은 겨자씨만큼 작은 믿음이라도 산을 움직일 수 있다고 말씀하셨습니다(어린이들에게 초콜렛을 주어 보세요. 달고 맛있게 먹지 않습니까?). 이 초콜렛은 작으나 진짜입니다. 진짜라는 사실이 중요합니다. 겸손하고 진실한 믿음은 많은 사람들을 그리스도인으로 만듭니다. 진실한 믿음은 하나님의 말씀을 받아들이고 구원을 위한 하나님의 말씀을 따르는 것입니다. 우리는 가인과 아벨의 이야기를 창세기 4장 1-8절에서 읽어볼 수 있습니다.

하나님의 말씀은 다음과 같습니다. "주 예수를 믿으라. 그리하면 너와 네 집이 구원을 얻으리라"(행 16:31). 믿음이 진실하면 사랑의 행동으로 나타납니다. "영원하신 성령으로 말미암아 흠없는 자기를 하나님께 드린 그리스도의 피가 너희 양심으로 죽은 행실에서 깨끗하게 하고 살아있는 하나님을 섬기게 못하겠느뇨"(히 9:14).

예수님은 사이비 신앙에 관해 바리새인들에게 경고하셨습니다. 바리새인과 세리에 관한 성경의 이야기를 읽어보세요(눅 18:9-14). 죄 사함을 구한 세리는 진실한 신자였습니다. 그는 진짜 초콜렛과도 같았습니다. 그는 시야는 좁았지만 하나님의 눈으로 볼 때는 믿음이 진실하였습니다. 그는 하나님에 대한 의로운 마음으로 집으로 갔습니다.

(아나니아와 삽비라도 사이비 신자였습니다. 이들에 관한 이야기는 사도행전 5장 1-11절에 기록되어 있습니다.)

우리를 돌보시는 하나님

(창 6-8장, 19장; 사 43:1; 단 6장; 마 2:12-15)

◆ 재 료

> 검은 잉크로 검게 물들인 물 한 사발. 잔 한 개. 붉은 십자가와 어린이의 이름이 써진 종이 한 장. 이 종이를 접어 잔 밑에 끼워둔다. 나중에 잔을 거꾸로 하여 물 속에 집어넣을 때 종이가 그대로 유지되도록 한다.

그리스도인들로서 우리는 세상 밖이 아닌 세상 안에 있습니다. 우리 주위의 세상의 악은 매우 위험합니다. 악의 세상과 마귀는 끊임없이 우리를 타락시키려 하고 있습니다(사발에 든 물을 보여주세요). 때때로 힘든 일들이 우리에게 일어납니다. 그러나 우리는 결코 용기를 잃지 않아야 합니다. 하나님이 그분의 자녀들을 돌보시기 때문입니다.

내가 이 유리잔을 물속 깊이 넣어 보겠습니다. 이 속에 있는 종이는 물에 젖지 않습니다. 그 사이의 공기가 물이 들어오지 못하도록 하고 있기 때문에 종이는 젖지 않고 보호됩니다. 하나님은 그의 자녀들의 이름을 모두 아십니다. "두려워 말라. 내가 너를 구속하였고 내가 너를 지명하여 불렀나니 너는 내것이라"(사 43:1). 하나님은 그의 자녀들아 자신에게 너무 소중하므로 그들을 보호합니다. 십자가를 보세요. 이 십자가는 예수님을 믿는 모든 사람들이 예수님이 흘리신 피로 인해 하나님께 소중하게 되었음을 상기시켜 줍니다.

하나님은 노아와 그의 가족을 악의 세상으로부터 보호하셨습니다. 무서운 홍수가 일어나 모든 불경한 사람들을 파괴하였습니다. 그러나 하나님은 자신의 은총을 믿은 사람을 보호하셨습니다(창 6-8).

하나님은 롯을 보호하셨습니다(창 19). 하나님은 다니엘을 보호하셨습니다(단 6). 하나님은 그 분의 아들을 보호하셨습니다(마 2:12-15). 하나님이 구속의 계획을 실행하시기 위해 보내신 아들을 보호하신 것처럼 그 아들을 믿는 사람들도 보호하십니다.

우리를 지으신 하나님

(삼상 2:13-3:21; 엡 2:1-10)

◆ 재 료

손목시계

나는 오랫동안 손목시계를 차왔습니다. 내가 손목시계를 찬 것은 그것이 멋있기 때문만은 아닙니다. 때때로 손목시계는 내 손목에 꽉죄어 성가십니다. 그러나 손목시계는 시간을 알려주어 나에게 봉사하므로 나는 그것을 차고 있습니다.

손목시계를 좀더 자세히 들여다 봅시다 그것은 케이스와 바늘, 그리고 숫자로 구성되어 있습니다. 케이스 안쪽을 들여다보면 서로 맞물려 돌아가면서 시간을 지키는 작은 톱니가 많이 있습니다.

이 시계는 우연히 작동하는 것이 아닙니다. 누군가가 그렇게 작동하도록 만든 것입니다. 즉 시계 기술자가 많은 부품들을 만들어 시간을 알려주도록 완벽하게 조립하였습니다. 이것은 마치 다음의 성경구절과 같습니다. "우리는 하나님의 만드신 바라. 그리스도 예수 안에서 선한 일을 위하여 지으심을 받은 자니 이 일은 하나님이 전에 예비하사 우리로 그 가운데서 행하게 하려하심이니라"(엡 2:10).

시계 기술자가 시계를 만든 것과 같이 하나님도 우리를 그리스도 안에서 만드셨습니다. 하나님은 우리에게 육체와 영혼을 주셨습니다. 원래, 우리의 최초의 선조가 죄악으로 타락하기 전에는 영혼이 의롭고 신성하였습니다. 그러나 지금은 모든 영혼이 죄로 가득차 있어 죽음의 운명에 처해 있습니다. "허물과 죄로 인한 죽음"은 바로 사도 바울이 이러한 상황을 설명하는 방법입니다(엡 2:1). 바울은 더 나아가 다음과 같이 말합니다. "그러나 긍휼에 풍성하신 하나님이 우리를 사랑하신 그 큰 사랑을 인하여 허물로 죽은 우리를 그리스도와 함께 살리셨느니라"(엡 2:4-5). 이 말은 우리가 그리스도에 의해 구원을 받았다는 의미입니다.

그리스도를 믿는 이마다 하나님에 의해 새로이 창조됩니다. 하나님의 성령이 이들에게 새로운 영적인 생명을 주십니다. 하나님은 새로운 희망과 목표를 주십니다. 하나님의 성령은 그 분이 창조하신 새로운 영적 생명의 시계를 감아, 하나님께 봉사할 수 있도록 하나님의 손목에 채우십니다.

이 시계는 시간을 알리도록 만들어져 있습니다. 이것은 장식물이 아닙니다. 하나님은 우리가 봉사할 수 있도록 우리에게 믿음을 주십니다. 내가 차고 있는 이 시계는 시계바늘은 물론 많은 부품들을 필요로 합니다. 만약 부품만 있고 시간을 알려주는 바늘이 없다면 시계는 소용이 없습니다. 단지 째각거리는 태엽소리만 나는 시계는 우리에게 짜증을 줄 뿐입니다. 선행이 없는 믿음은 하나님을 기쁘게 해드리지 못합니다. 예수님은, "나에게 주여 주여 하는 자마다 천국에 다 들어갈 것이 아니요 다만 하늘에 계신 내 아버지의 뜻대로 행하는 자라야 들어가리라."라고 말씀하셨습니다(마 7:21). 진실한 믿음은 봉사의 행위로 나타납니다. 선행은 그 자체만으로 구원의 조건은 아닙니다. 그리스도가 우리의 구원에 필요한 모든 것들을 하셨습니다. 그러나 일단 구원이 되면 선행은 진정 믿음의 열매라 하겠습니다.

우리는 하나님께 완벽하게 봉사할 능력을 가지고 있지는 않습니다. 시계도 100% 완벽하게 시간을 지키지는 않습니다. 신자의 징표는 완벽을 위한 노력입니다. 노력은 하나님의 풍성한 은총의 결과입니다. 하나님이 매일매일 우리의 죄와 실패를 풍성하게 용서하시고 결코 우리를 책망하지 않으시므로, 우리는 하나님의 사랑에 너무 힘을 얻은 나머지 하나님께 우리가 할 수 있는바 최상으로 우리를 인도하시고 우리가 하나님을 위해 삶을 살 수 있는 힘을 주시도록 요청드리게 됩니다.

우리가 하나님께 봉사하는 이유는 다음과 같은 찬미가에 잘 요약되어 있습니다.

나는 나의 구세주가 이미 하신 구원을 위해
나의 영혼을 사역하지 않겠노라.
그러나 나는 하나님의 사랑스러운 아들의 사랑을 위해
노예처럼 노력하겠노라.

내가 시계의 의미를 배웠을 때 사무엘상 2장 12절-3장 21절의 성경이야기가 생각났습니다. 엘리는 그녀의 아들들을 교육하고 진실한 도덕적인 삶을 사는 데 있어 느린 시계와도 같았습니다. 그녀의 아들들은 마치 멈춰진 시계와도 같았습니다. 그들은 마치 장식품의 시계처럼 하나님께 충실히 봉사하저 않았습니다. 그들은 마귀가 그들의 삶을 이용토록 허용하였습니다. 그러나 사무엘은 하나님의 사랑의 만드심이었습니다. "주여 말씀하소서. 당신의 종이 듣고 있습니다." 이 말이 그의 믿음이었습니다. 그는 하나님을 충실히 섬기었고, 그의 모든 능력을 다해 하나님을 섬겼습니다.

22

신성한 교회

(사 55:10-11; 롬 12:4-5; 엡 5:25-27)

◆ 재 료

> 인조 진주목걸이, 조개껍질(만약 조개껍질을 구할 수 없으면 조개껍질이 그려진 상자를 준비한다). 진주 목걸이를 조개껍질이나 상자 속에 넣어둔다.

여러분은 조개 속에 어떤 보석이 있을 거라고 생각합니까? 물론 진주라고 기대할 것입니다. 하나님은 조개에게 모래알을 귀한 진주로 변형시킬 수 있는 힘을 주셨습니다. 이것은 죽어 마땅한 죄많은 사람들을 하나님의 자녀이자 영생의 상속자로 변형하신 하나님의 성령의 힘을 상기시켜 줍니다.

이 조개껍질 속에는 진주목걸이가 있습니다. 여러분도 내 말을 믿습니까? 내 말을 믿어보세요. 모든 신자들은 성령이라는 영적인 선에 의해 유일한 구세주만을 믿으므로 서로 결합됩니다. 이들이 바로 신성한 교회입니다. 믿음이 하나님과 신자 자신만 아는, 눈에 보이지 않는 신자 가슴 속에 있는 선물이므로 우리는 신성한 교회를 믿는다고 말할 수 있습니다. 천국에서 우리는 귀중한 진주목걸이와 같은 완전한 교회를 보게 됩니다.

이제 조개껍질을 열고 보겠습니다. 내가 말한 대로 진주목걸이가 들어 있습니다. 하나님은 세상이 끝날 때까지 그리고 영원히, 예수 그리스도에 대한 믿음으로써 신성하게 된 신성한 신자들의 교회를 지켜줄 것임을 말씀하십니다. 교회의 본질은 사랑하시고 구원을 주시는 주 예수에 의해 죄악의 더러움으로부터 흠없는 순결로 변형된 신자들입니다.

우리는 어디서 진주를 발견할 수 있을까요? 바로 조개껍질인 여러분의 안에서 입니다. 여러분은 어디에서 신자들을 발견할 수 있다고 생각합니까? 바로 그리스도의 복음이 전파되는 곳에서 입니다. 복음이 선언될 때 신자들이 만들어집니다. 이로써 우리는 하나님의 말씀을 영접하게 됩니다. 비와 눈이 대지를 적셔 풍성하게 만들듯이 하나님의 말씀도 우리의 영혼을 풍성하게 하십니다. "내 입에서 나가는 말도 헛되이 내게로 돌아오지 않고 나의 뜻을 이루며 나의 명하여 보낸 일에 형통하리라"(사 55:10-11).

조개껍질은 겉에서 보면 그렇게 예쁘지 않습니다. 그것은 다만 울퉁불퉁하게 되어 있습니다. 마찬가지로 교회도 겉에서 보면 다양한 종파와 다양한 교리로 분열되어 있습니다. 또 교회마다 의식이 다르기도 합니다. 지상의 교회는 여전히 떨쳐버리지 못한 오래된 죄로 물든 사람들로 가득차 있습니다. 그렇기 때문에 이 세상의 삶은 불완전합니다. 때때로 이보다 더 추한 면이 교회에서 보입니다. 그러나 우리는 그러한 불완전성이나 추한 면을 주시하여 확대하지 말고 교회 속의 영광을 기뻐해야 합니다.

　　교회의 아름다움은 신앙의 눈으로만 볼 수 있습니다. 여러분은 예수 그리스도에 대한 진실한 믿음으로써 신성한 교회의 일부가 됩니다. 여러분은 하나님의 소중한 진주의 일부입니다. 이에 관해 루터는 다음과 같이 선언하였습니다. "나는 지상에 그리스도라는 하나의 수장하에 순수한 성도들로 구성된 성스러운 집단의 회중이 존재한다고 믿는다. 이들 집단은 하나의 믿음, 마음, 이해 속에서 성령에 의해 결집되며 어떤 종파에 구애받지 않고 사랑 속에 합쳐지는 집단이다. 나는 바로 그러한 집단의 일부이자 구성원이며 그 집단이 가지는 모든 선의 공동의 소유자이다: 나는 하나님의 말씀을 '들어왔고 앞으로도 계속 들을 것이기 때문에 성령의 인도에 의해 그 집단에 통합될 것이다. 이러한 통합은 시작에 불과하다." "우리가 한 몸에 많은 지체를 가졌으나… 이와 같이 많은 사람이 그리스도 안에서 한 몸이 되었느니라"(롬 12:4-5). "그리스도께서 교회를 사랑하시고 위하여 자신을 주심같이 하셨도다. 이는 곧 물로 씻어 말씀으로 깨끗하게 하사 거룩하게 하시고 자기 앞에 영광스러운 교회를 세우시도다"(엡 5:25-27). 진정으로, 성스러운 기독교 교회는 빛나는 진주목걸이와도 같습니다.

23

우리가 어떻게 죄를 범하는가?

(겔 36:26; 딛 2:10; 약 1:15, 4:17)

◆ 재 료

> 커다란 구멍이 뚫린 검은 하트, 가운데에 붉은 십자가가 그려진 흰 하트, 스카치테이프

이 무시무시하게 생긴 하트를 보세요. 이것은 인간의 죄에 관한 어떤 것을 가르쳐 줍니다. 원래의 마음은 죄를 짓는 데 열심입니다. 야고보는 그의 복음서에서 다음과 같이 말합니다. "이러므로 욕심이 잉태한즉 죄를 낳느니라"(약 1:15). 죄가 적극적으로 범해지면 작위의 죄라고 합니다. 또 다른 종류의 죄가 있습니다. 그것은 하나님의 뜻을 따르지 않는 죄입니다. 이 검은 하트는 구멍이 뚫려 있습니다. 원래의 마음은 하나님의 뜻을 실천할 수 없습니다. 이에 관해 야고보는 다음과 같이 말합니다. "이러므로 사람이 선을 행할 줄 알고도 행치 않으면 죄니라"(약 4:17). 이것이 바로 부작위의 죄입니다.

자비로우신 하나님은 세상의 죄를 위해 십자가 위에서 피를 흘리실 그의 아들을 보내는 커다란 대가를 치르셨습니다(흰 하트를 보여주세요). 이 하트가 하나님의 눈에서 희게 보이는 것처럼 그리스도를 믿는 이들은 용서를 받습니다. 신자들은 하나님의 아들에게 대한 믿음으로써 살아갑니다. 이 하트에 그려진 붉은 십자가는 바로 이러한 사실을 상기시켜 줍니다. 성경은 기록합니다. "새 영을 너희 속에 두고 새 마음을 너희에게 줄 것이니라"(겔 36:26). 그러면 이 새로운 하트를 검은 하트에 붙여보겠습니다.

오래된 죄의 본질이 여전히 신자들을 떠나지 않았음을 주목하세요(검은 하트를 새 하트에 계속 붙여 놓습니다). 신자들은 신성한 삶을 통해 하나님의 교리를 찬미하도록 명령을 받습니다. 즉 우리는 그리스도가 명령하신 것들을 실천하도록 노력하면서 그리스도 안에서 열린 삶을 살게 됩니다. 우리가 해야 할 것들은 갈라디아서 5장 22-24절과 로마서 12장 6-21절에 나타나 있습니다. 우리가 이 검은 하트가 흰 하트 위로 겹쳐지도록 내버려두면 우리는 그리스도 안에서의 삶을 살게 됩니다. 야고보는 그리스도인들에게 오래된 마음이 새 마음을 덮지 않도록 경고하였습니다. 그는 그리스도를 위해 진실한 삶을

살도록 촉구하였습니다. 우리는 죄악이 하나님을 기쁘게 해드리지 않음을 깨
·달을 때 그리스도를 위해 살게 됩니다. 그리고 우리는 그리스도에 대한 믿음
을 통해 그리스도의 용서를 계속 영접합니다. 우리가 그리스도의 은총의 힘에
의해 죄를 외면할 때 그리스도를 위해 살게 됩니다. 그리하여 항상 그리스도
가 명령하시는 것들을 행하기 위해 노력하면서 우리가 고백하는 죄와 싸우게
됩니다.

기도나 예배를 드리지 않거나, 남에게 친절하지 않거나 그리고 무엇보다
도 다른 사람들에게 그리스도의 말씀을 전파하지 않는 것도 죄입니다. 하나님
의 이름을 헛되이 사용하거나 자신의 야망을 숭배하거나 남을 증오·중상하는
것 역시 죄입니다. 우리는 이 원래의 마음을 계속 우리 뒤에 놔두고 매일의
삶에서 그리스도를 내세웁시다.

예수님이 영광 속에서 오실 때는 우리를 완전히 새롭게 하셔서 더이상 죄
를 짓지 않도록 하십니다. 그때에 가서는 이 오래된 본성을 완전히 떼어내어
버리게 됩니다.

새벽이 오기 전에
죄악의 어두운 행위를 보내자
옛날의 죄는 모두 보내고
새로운 사람으로 되자

24

천국에 가는 법

(요 14:1-6; 갈 3:10-13)

◆ 재 료

> 5인치×7 1/2인치 크기의 흰 종이. 아래 그림처럼 접어 비행기를 만든다. 종이를 잘라 십자가를 만들고, 다시 접어 글자 T와 L을 만든다.

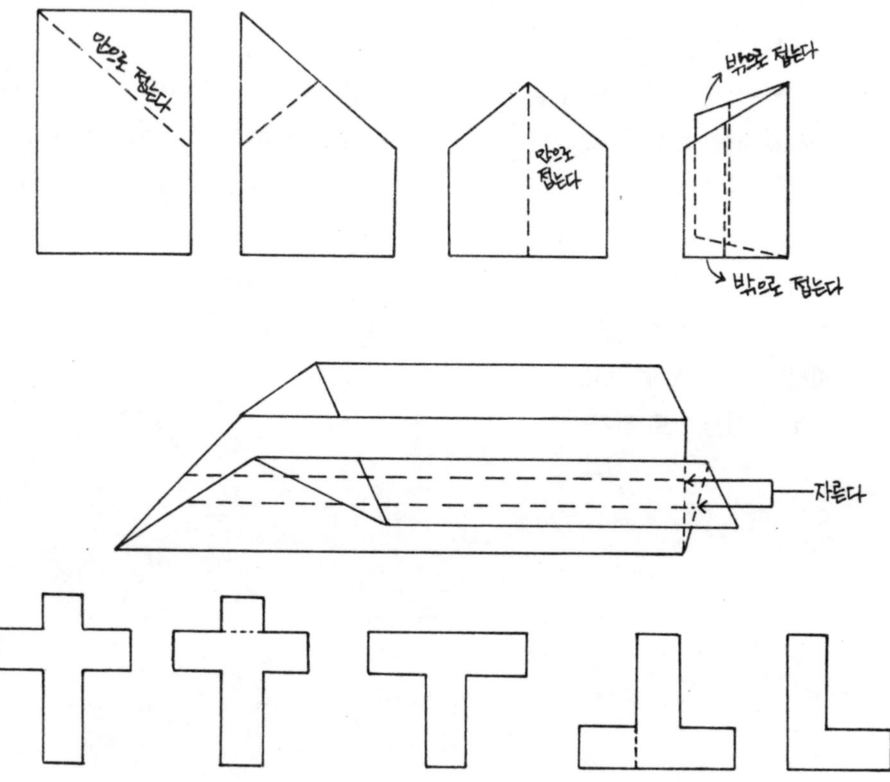

　　이 작은 종이는 우리에게 중요한 교훈을 가르쳐 줍니다. 나는 이것을 접어 비행기를 만들어 보겠습니다. 이 비행기는 초음속 제트기 모양입니다. 날렵한 유선형입니다. 한번 날려 보겠습니다. 잘 날라가지요? 초음속 제트기는 빠른 속도로 납니다. 우리 인간은 많은 노력을 기울여 초음속 제트비행기를 만들었습니다. 그러나 이 종이비행기는 곧 바닥에 떨어집니다. 한 가지 사실은 분명합니다. 여러분은 종이비행기나 심지어는 초음속 제트기로도 천국에 갈 수는 없다는 것입니다. 아마 이러한 얘기를 꺼내는 것조차 어리석은 일일 것입니다. 그럼에도 어떤 사람들은 자신의 선행으로써 천국에 갈 수 있다고 생각합니다. 그러나 그러한 생각은 이 종이비행기를 타고 하늘을 날 수 있다고 생각하는 것만큼 터무니 없는 것입니다. 그렇지 않습니까?

어떤 사람들은 이러한 방법으로 천국에 가려고 하였습니다. 예수님이 이 땅에서 사역하시고 계실 때 자기를 의롭다고 믿는 바리새인들이 있었습니다 (눅 18:9-12). 그 바리새인들은 자신의 생각에 따라 많은 선행을 하였습니다. 예수님은 그들에 관해 다음과 같이 말씀하셨습니다. "화 있을진저 외식하는 서기관들과 바리새인들이여 너희가 박하와 회향과 근채의 십일조를 드리되 율법의 더 중함과 의와 인과 신을 버렸도다. 그러나 이것도 행하고 저것도 버리지 말아야 할지니라"(마 23:23). 구원을 받을 만큼 충분히 선행을 베풀었다는 바리새인들의 자만은 이와 같은 예수님의 훈계에 의해 무색케 되었습니다. 그들의 종이 비행기는 땅에 추락하고 만 것입니다. 성경은 기록합니다. "무릇 율법행위에 속한 자들은 저주 아래에 있나니 기록된바 누구든지 율법책에 기록된 대로 온갖 일을 항상 행하지 아니하는 자는 저주 아래 있는 자라 하였음이라. 또 하나님 앞에서 아무나 율법으로 말미암아 의롭게 되지 못할 것이 분명하니 이는 의인이 믿음으로 살리라 하였음이니라"(갈 3:10-12).

그러면 우리는 어떻게 천국에 갈 수 있을까요? 이 종이비행기의 날개를 잘라내 보겠습니다. 그리고 동체를 접어 십자가를 만들어 보겠습니다. 천국에 이르는 하나의 확실한 길이 있습니다. 그 길은 갈라디아서 3장 13절에 적혀 있습니다. "그리스도께서 우리를 위하여 저주를 받은 바 되사 율법의 저주에서 우리를 속량하셨으니 기록된 바 나무에 달린 자마다 저주 아래 있는 자라 하였음이라." 그리스도는 십자가의 나무에 못박히셨습니다. 그리스도는 하나님의 신성한 법을 우리가 범한 것을 대속하시기 위해 자신의 신성한 생명을 바치셨습니다.

십자가는 천국에 이르는 유일한 길입니다. 십자가의 의미는 그리스도께서 우리의 죄를 위하여 대가를 치르신 데 있습니다. 여기에는 추호의 의문도 있을 수 없습니다. 예수님은 "내가 진리니라"라고 말씀하셨습니다. 이 글자 T는 "진리"(truth)를 나타냅니다. 예수님은 거짓말을 하시지 않습니다. 성경은 거짓말이 아닙니다(요 17:17). 우리는 예수님께서 십자가 위에서 우리를 위해 흘리신 피로써 우리가 충분히 구원을 받아 하늘나라에 갈 수 있다는 그 분의 말씀을 받아들여야 합니다. 또한 예수님은 "내가 생명이니라."라고 말씀하셨습니다. 이 글자 L은 "생명"(life)을 의미합니다. 예수님은 신자들에게 새

로운 영적인 생명을 주셨으며 이 생명은 영원합니다. 이 생명은 영원히 지속
되며 바로 이것이 천국입니다.

천국에 이르는 길은 하나뿐입니다. 즉 그리스도의 십자가의 길뿐입니다.

25

하나님의 형상

(창 1:26-27, 2:7, 5:3; 롬 8:9; 엡 4:24: 골 3:10)

◆ 재 료

> 0.5리터들이 용기(용기 겉에 흰 하트의 윤곽을 그려 붙인다), 용기 내부를 채울 흰 종이, 흰종이와 같은 크기의 검은 종이, 성령을 상징하는 흰 종이(비둘기). 이 종이는 하트와 크기가 비슷하게 되도록 한다.

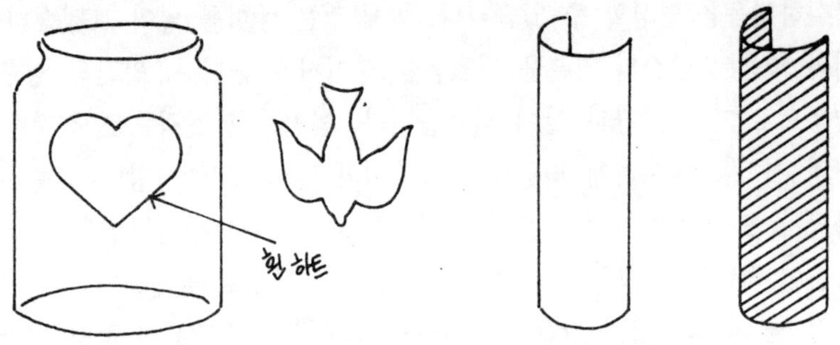

하나님은 말씀하셨습니다. "우리의 형상을 따라 우리의 모양대로 우리가 사람을 만들고"(창 1:26-27). "그런 다음 여호와 하나님이 흙으로 사람을 지으시고 생기를 그 코에 불어넣으시니 사람이 생령이 된지라"(창 2:7).

하나님의 형상이란 무슨 의미입니까? 생령이란 무슨 의미입니까?

다음과 같이 생각해 봅시다. 여기에 투명한 용기가 있습니다. 그 겉에는 하트의 윤곽이 붙어 있습니다. 이 하트는 하나님이 인간을 만드시고 인간에게 무엇인가 특별한 것, 즉 영혼을 주셨음을 상기시켜 줍니다. 생명의 숨길은 하나님으로부터 나왔습니다. 인간은 하나님 안에서 또 하나님과 함께 영원히 살도록 만들어졌습니다. 즉 인간은 하나님의 것, 즉 다시 말해 영원한 존재라는 본질을 가집니다.

하나님은 인간의 영혼 위에 어떤 특별한 은총을 올려 놓으셨습니다. 이들 은총은 의로움, 성스러움, 영적인 지식 등입니다. 이 흰 종이를 용기 안에 넣어 보겠습니다. 이것은 하나님이 인간을 창조하실 때 인간의 영혼 위에 놓으신 은총을 상기시킵니다. 성경을 읽어보면 의로움, 신성함, 영적인 지식 등이 하나님의 형상을 이룸을 알 수 있습니다. 사도 바울은 에베소의 신자들에게 그들이 "하나님을 따라 의와 진리의 거룩함으로 지으심을 받은 새 사람을 입으라"(엡 4:24)고 알렸습니다. 사도 바울은 또한 골로새의 신자들에게 창조주의 형상을 따라 지식이 새로워지는 새 사람을 입었기 때문에 그들이 축복을 받을 것임을 알렸습니다(골 3:10).

인간은 하나님의 형상으로 창조되었기 때문에 하나님 안에서 살면서 영원히 행복할 수 있었습니다. 인간은 하나님께 마음대로 봉사하고 하나님을 찬미할 수 있었습니다.

그러나 그 후 죄악으로의 타락이 있었습니다. 아담과 이브가 죄를 범했을 때 어떤 일이 일어났습니까? 이 흰 종이를 치워보면 인간이 하나님의 형상을 상실하였음을 연상할 수 있습니다. 이제 검은 종이를 넣어 보겠습니다. 이것은 죄와 죽음이 인간의 영혼을 채웠음을 상기시켜 줍니다. 인간의 영혼은 영원한 죽음으로 가득찬 관과 같이 되었습니다. 인간은 본질적으로 진정한 의, 신성, 영적 지식을 결여하게 되었습니다. "이와 같이 모든 사람이 죄를 지었으므로 사망이 모든 사람에게 이르렀노라"(롬 5:12). 이 성경구절은 아담과 이브의 자손이 하나님의 형상 없이 태어났음을 역동적으로 말해줍니다. "아담이 자기 모양 곧 자기 형상과 같은 아들을 낳았더라"(창 5:3). 이처럼 인간이 하나님의 형상을 갖지 아니하므로, 어떤 일이 발생하여 이와 같은 상황을 변화시키지 않는 한 영원한 죽음은 인간의 운명입니다.

진정 어떠한 일이 발생하였습니다. 위대한 사랑의 하나님은 인간이 다시 하나님의 형상을 받을 수 있는 길을 계획하셨습니다. 하나님은 인간의 죄를 대속하여 돌아가실 아들을 보내셨습니다. 그리스도를 구세주로서 믿는 이마다 성령을 영접합니다. "너희가 아들인고로 하나님이 그 아들의 영을 우리 마음 가운데로 보내셨도다"(갈 4:6). "만약 너희 속에 하나님의 영이 거하시면 너희가 육신에 있지 아니하고 영에 있나니"(롬 8:9). 나는 검은 종이 앞에 성령의 상징을 놓아 보겠습니다. 이제 우리는 신자가 믿음이라는 거듭남을 통해 부분적으로 되찾은 하나님의 형상을 갖게 된다는 것이 무슨 의미인가를 알 수 있습니다. 그것은 성령에 의한 믿음의 영적인 형상입니다. 우리 마음의 대부분은 아직도 검습니다. 왜냐하면 죄가 여전히 이전의 본질의 형태로 남아있기 때문입니다. 그러나 이제 죄는 마음과 삶이 아니라 성령에 의해 통제됩니다. 성령에 의해 우리는 믿음을 통한 그리스도의 의로움과 신성함을 가졌으므로 하나님의 형상을 회복합니다.

　　그리스도의 성령이 신자의 마음 속에 거하시는 한 그 신자는 하나님의 자녀가 되고 천국의 상속자가 됩니다. 그리고 신자의 삶에서는 신자가 천국에 갈 때까지 죄와 악에 대한 전쟁이 계속되게 됩니다.

　　이 신자가 그리스도의 재림시 육체의 부활이라는 완전한 영광을 받게 되면 죄로부터 영원히 자유롭게 됩니다. 이 검은 종이를 치우고 다시 흰 종이를 넣어 보겠습니다. 무덤 속에 남은 죄가 영원히 사라졌습니다. 천국에서는 예수 그리스도 안에 있는 사람들에게 하나님의 완전한 형상이 회복되게 됩니다. 시편 기자인 다윗은 다음과 같이 찬미하였습니다. "나는 의로운 중에 주의 얼굴을 보리니 깰 때에 주의 형상으로 만족하리이다"(시 17:15).

26

영원을 위한 투자

(마 25:34-40; 눅 16:1-13)

◆ 재 료

> "하나님의 은행"이라는 표시가 붙은 상자. 상자 윗면에는 길고 좁은 구멍을 뚫고 밑면이 열릴 수 있도록 만든다(색깔이 금색이면 더 좋음).
>
> 카드(상자 구멍에 들어갈 수 있는 크기)
>
> 1번 카드에는 앞면은 "은총," 뒷면은 "믿음"라고 쓴다.
>
> 2번 카드에는 앞면은 "시간," 뒷면은 "70년"이라고 쓴다. 그리고 "70년" 밑에는 525,600분/년이라고 표시한다.
>
> 3번 카드에는 앞면은 "보물," 뒷면은 "325,000달러"라고 쓴다.
>
> 4번 카드에는 앞면은 "재능," 뒷면은 "말하기," "노래하기," "가르치기" 등의 낱말을 쓰고 그 뒤에 의문부호를 붙인다.

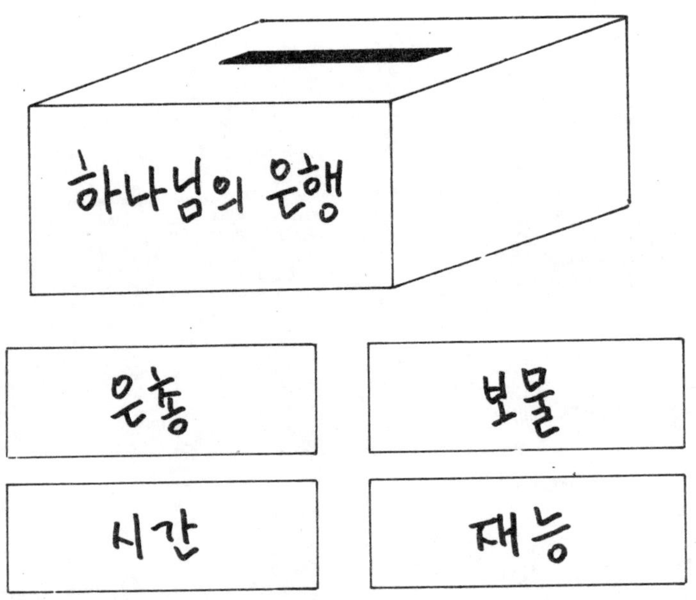

여러분은 여러분 자신이 생명의 귀중한 것들을 보관하는 하나님의 은행이라는 사실을 압니까? 하나님은 자신의 은행에 무엇을 보관하신다고 생각하십니까?

첫째, 거기에는 은총이 있습니다. 하나님은 우리의 생명에 투자하신 특별한 사람을 가지고 계십니다. 하나님은 그리스도가 우리를 위해 구해주신 죄사함으로써 우리를 사랑하십니다("은총"의 카드를 상자 속에 넣으세요).

둘째, 시간이 있습니다. 하나님은 우리에게 이 땅 위에서 살 시간을 주십니다("시간"의 카드를 상자 속에 넣으세요).

세째, 보물이 있습니다. 하나님은 우리가 삶을 위해 물건을 구입할 돈의 형태로 우리 모두에게 필요한 것을 주십니다("보물"의 카드를 상자 속에 넣으세요).

네째, 재능이 있습니다. 재능은 어떤 것들을 하기 위한 특별한 선물입니다("재능"의 카드를 상자 속에 넣으세요).

여러분은 하나님의 은행입니다. 우리가 은행에서 돈을 찾아 사용하듯이, 여러분도 하나님의 은행으로부터 인출됩니다. 하나님의 은행은 특별한 인출창구를 가지고 있습니다. 밑면은 열릴 수 있도록 되어 있습니다(카드의 뒷면을 보여주세요.)

은총은 여러분에게 믿음을 의미합니다. 즉 은총은 믿음을 가져다 줍니다. 여러분은 여러분의 아버지로서의 하나님을 매일 믿으면서 살 수 있습니다. 여러분은 하나님이 여러분을 그 분의 길로 인도하심을 믿어도 됩니다. 여러분은 평화 속에서 살 수 있습니다. 여러분이 다른 사람들에게 하나님의 은총을 전도할 때 여러분은 그들과 이러한 믿음을 나눌 수 있습니다("은총"의 카드를 한 어린이에게 주세요).

시간은 많은 분(1년에 525,600분)을 의미합니다. 성경은 평균수명이 70년이라고 기록합니다. 시간은 거듭나서 하나님께 예배하고 봉사할 수 있는 기회입니다. 여러분은 다른 사람에게 하나님을 전하여 함께 하나님을 예배하는 시간을 낼 때 하나님을 섬긴다고 말할 수 있습니다("시간"의 카드를 한 어린이에게 주세요).

보물은 우리가 일생동안에 버는 많은 돈입니다. 우리가 이러한 열매를 사역이나 자선과 같은 교회사업에 바칠 때 우리는 하나님을 기쁘게 해드리는 방법으로 투자를 하는 것입니다("보물"의 카드를 한 어린이에게 주세요).

재능은 다른 사람들에게 예수님을 설명하거나, 남을 가르치거나 아니면 노래를 잘 부르는 것과 같이, 우리가 할 수 있는 많은 것들입니다. 낱말 뒤에 있는 이 의문부호는 여러분이 앞으로 어떤 직업을 택하게 될지 내가 모르기 때문입니다. 우리가 우리의 재능을 사용할 때는 영생의 길을 따라 남을 돕는 것이 됩니다("재능"의 카드를 한 어린이에게 주세요).

그러면 누가복음 16장 1-13절에 나타난 하나님의 재산관리 방법에 관하여 공부해 봅시다. 어떤 부자의 청지기가 있었습니다. 그는 자기에게 맡겨진 재산을 유용하였습니다. 그의 주인은 그가 자신의 즐거움을 위해 돈과 재물을 유용하였다는 것을 알았습니다. 그 부자는 그 청지기를 해고하겠노라고 말하였습니다.

청지기는 매우 난처했습니다. 그는 앞으로 무엇을 먹고 살 것인지 걱정했습니다. 그는, "나의 앞으로의 생계를 위해 그만둘 때까지 며칠 동안 마지막으로 한번 해보자. 우선 내 주인에게 빚을 진 사람들을 불러 그들과 흥정해보자."라고 생각했습니다. 그는 많은 채무자들의 채무를 탕감해줌으로써 그들을 자기편으로 만들었습니다. 그의 주인이 그의 사업수완을 알아채고는 그의 지혜에 탄복하지 않을 수 없었습니다.

예수님은 많은 세속적인 장사꾼들이 빛의 자녀, 즉 그리스도인들보다 더 현명하다고 말했습니다. 예수님은, "불의의 재물로 친구를 사귀라. 그리하면 없어질 때 저희가 영원한 처소로 너희를 영접하리라."라고 말씀하셨습니다(눅 16:9).

하나님은 우리가 다른 사람들에 봉사하도록 하기 위해 우리에게 재능을 주십니다. 이것은 하나님의 재산관리 규정상의 투자입니다. 우리가 다른 사람에게 봉사하면 그들은 우리의 친구가 됩니다. 우리의 친구들이 우리를 영원의 처소로 영접하는 방법은 마태복음 25장 34-40절에 기록되어 있습니다. 심판의 날에 그리스도인의 자비의 행위는 믿음의 증거로써 드러나게 됩니다. 예수님은, "너희가 나의 형제에게 한 것은 나에게 한 것과 같으니라."라고 말씀하셨습니다.

예수님은 이 청지기의 이야기를 그의 부정직함을 권장하기 위하심이 아니고 그의 지혜와 예견을 칭찬하기 위해서 인용하셨습니다. 예수님의 말씀의 요지는 명백합니다. 은총·시간·보물·재능의 선물로 가득찬 여러분의 삶을 영원을 위한 투자로 만들기 바랍니다.

27

어린이를 사랑하신 예수님

(마 18:1-6; 막 10:13-16; 요 3:16)

◆ 재 료

> 짧은 연필 한 자루와 긴 연필 한 자루. 빨강, 노랑, 검정, 흰색 등 다양한 색연필. 옅은 갈색 색연필, 종이

짧은 연필과 긴 연필이 있습니다. 어떤 것이 어린이를 나타냅니까? (언제나 어린이들은 "짧은 것"이라고 대답합니다. 그러나 그 대답은 틀린 대답입니다. 긴 연필이 더 오래 사용되기 때문에 어린이를 나타낸다고 설명해 주세요. 만약 어린이들이 올바르게 대답하면 이유를 설명해보라고 하세요).

또 여기에 빨강, 노랑, 검정, 흰색 연필이 있습니다. 이 연필들은 세상의 다양한 인종을 나타냅니다. 하나님은 온 세상을 사랑하셔서 아들을 보냈습니다(요 3:16).

또 옅은 갈색 연필도 있습니다. 이것은 하나님의 아들을 나타냅니다. 그 분은 진정한 인간으로서 세상에 오셨습니다. 그 분은 우리와 똑같은 인간이 되셨고 우리도 그 분처럼 될 것입니다(갈 4:4-7). 우리는 이 중간색을 예수님을 나타내는 것으로 하겠습니다. 왜냐하면 예수님은 한 인종만이 아니라 모든 인종, 즉 흑인, 백인, 황인 등을 구하러 오셨기 때문입니다. 예수님은 만물의 중심이자 세상의 유일한 희망입니다. 예수님이 이 땅에 오셔서 십자가로 가셨을 때 어린이들을 위한 사랑을 보이셨습니다(마 18:1-6; 막 10:13-16). 예수님은 어린이들을 팔에 들어올리시고 그들을 축복하셨습니다(색연필들을 그리스도의 연필 주위에 놓고 쥐어 보이세요). 예수님은 어린이들을 진실한 신앙의 예로 말씀하셨습니다. 어린이들은 겸손하고 단순한 신앙으로써 믿습니다. 예수님은, "누구든지 어린이처럼 하나님의 나라를 영접하지 않으면 (즉, 어린이처럼 겸손한 믿음으로 하나님의 나라를 영접하지 않으면) 그곳에 들어갈 수 없느니라."라고 말씀하셨습니다.

여러분이 어린이로서 구원을 받으면 예수님을 섬길 수 있는 더 많은 시간을 갖게 됩니다. 연필은 글씨를 쓰고 공부를 하는 데 사용됩니다. 정직하지 않은 사람들의 손에서 연필은 거짓말을 쓸 뿐입니다. 즉, 연필은 사람들을 속이

는 데 사용됩니다. 그러나 정직한 사람들의 손에서는 선한 목적을 위해 사용됩니다. 마찬가지로 우리가 우리의 생명을 예수님의 손에 들어가도록 하면 우리의 생명은 항상 남들을 돕는 좋은 일에 사용됩니다. 여러분도 다른 사람들에게 예수님의 사랑을 전하고 세상사람들이 읽을 수 있도록 하나님의 사랑의 글씨를 쓰거 바랍니다(종이 위에 요한복음 3장 16절의 일부를 적어 한 어린이에게 주세요).

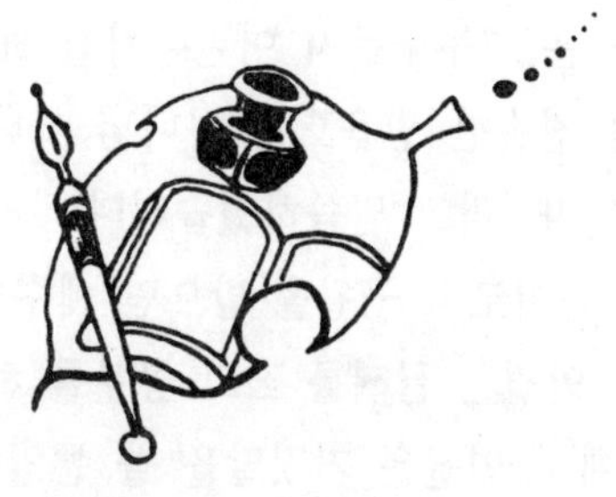

28

천국으로 가는 사다리

(창 28:10-22; 요 1:51; 고후 5:17)

◆ 재 료

> 4인치×6인치 크기의 흰 종이를 삼등분으로 접은 다음 다시 육등분으로 접는다(아래 그림 1과 2 참조). 글자 I를 오려내고 그림 3에서처럼 검게 칠한다. 글자 I는 수평으로 놓으면 "천국"(heaven)을 나타내는 H가 된다(그림 5 참조). 그리고 이 H는 사다리를 구성한다.

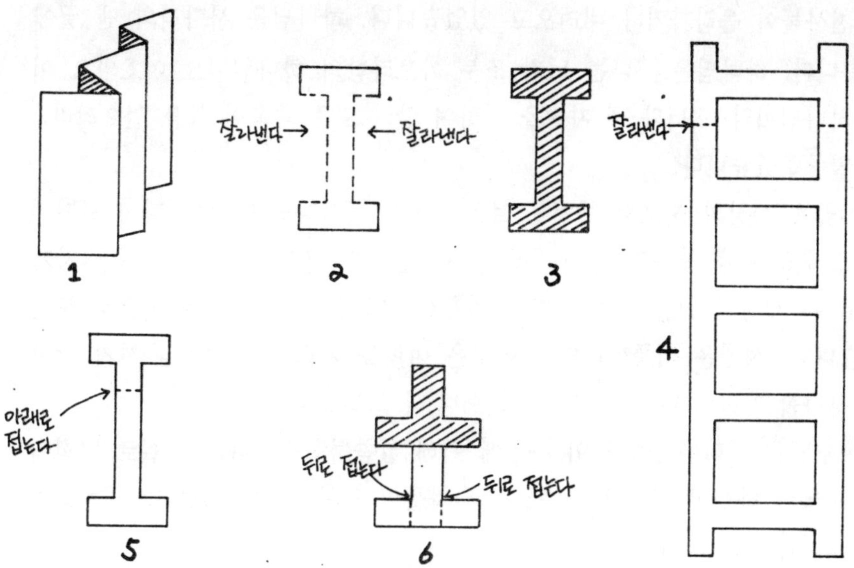

지금 내 손에는 커다란 검은 글자 I가 들어있습니다. 이것은 창세기 28장 10-22절의 이야기를 말해 줍니다. 이 I는 야곱을 나타냅니다. 이 야곱은 그가 눈이 잘 안보이는 아버지 이삭과 그 형 에서를 속여 상속권과 장자권을 얻어 냈을 때의 야곱입니다. 에서는 화가 나서 야곱을 죽이려고 계획하였습니다. 그러나 그의 어머니 리브가가 에서를 만류하였습니다. 그리하여 야곱은 그의 외가가 있는 하란으로 도망갔습니다. 이 글자 I는 야곱이 자만에 가득차 있고 멍청하였다는 사실을 상기시켜 줍니다. 이 I는 죄라는 표시로 검습니다. 우리가 우리의 삶에서 I를 가장 중한 것으로 여길 때 우리는 곤경에 처하게 됩니다. 죄가 두려움과 가책을 동반하기 때문입니다. 야곱은 집에서 도망칠 때 이러한 두려움과 가책을 느꼈습니다. 밤이 오자 그는 하늘을 지붕삼아 홀로 되었습니다. 그는 집 부근으로부터 너무 멀리 떨어져 있었기 때문에 하나님의 약속을 뒤에 남겨놓고 왔다는 생각이 들었습니다. 그리고 그가 속임수에 의해 장자권을 얻었으므로 그는 하나님의 축복을 확신할 수 없었습니다. 가책과 피로, 그리고 두려움에 사로잡힌 야곱은 돌을 베개삼아 잠이 들었습니다 (I를 잠자는 사람처럼 옆으로 세우세요.)

야곱이 잠을 자고있는 동안 하나님을 그에게 천국의 영상을 보여 주셨습니다(I의 흰 면을 보여주고 "천국"(heaven)을 나타내는 H를 만들어 보이세요). 하나님은 꿈 속에서 야곱에게 말씀하셨습니다. 하나님은 여전히 야곱을 사랑하셨고 그에게 자신의 사랑을 보여주셨습니다.

꿈속의 계시는 천국으로 가는 사다리였습니다(H를 펼쳐 사다리로 만드세요). 천사들이 올라가거나 내려오고 있었습니다. 하나님은 사다리의 맨 끝에 계셨습니다. 하나님은, "나는 너희 조부 아브라함의 하나님이요 여호와요 이삭의 하나님이라… 너와 네 자손을 인하여 땅의 모든 족속이 복을 얻으리라." 라고 말씀하셨습니다.

야곱은 신앙의 눈으로 무엇을 보았을까요? (사다리를 접어 다시 글자 I를 만드세요 끝을 구부려 그림 6에서처럼 십자를 만드세요). 야곱은 십자가 위에서 온 세상의 죄를 위해 대가를 치르신 약속된 분을 신앙의 눈으로 분명 보았습니다. 성경은 기록합니다. "이것은 여럿을 가리켜 자손이라 하지 않고 오직 하나를 가리켜 내 자손이라 하셨으니 곧 그리스도라"(갈 3:16).

예수님은 나다나엘에게 이 사건에 관해 말씀하셨습니다. "진실로 너희에게 이르노니 하늘이 열리고 하나님의 사자들이 인자 위에 오르락내리락 하는 것을 보리라"(요 1:51).

이리하여 그리스도의 십자가 안에서 하나님은 이 땅 위에 내려 오셨습니다. 십자가를 통해 하나님은 세상에 말씀하십니다. "나는 너희들과 죄 많은 세상과 타협하였노라. 왜냐하면 나의 아들이 너희의 모든 죄를 혼자 짊어지고 지옥같은 죽음을 당했기 때문이니라."

야곱의 생애와 같이 우리의 일상생활도 죄로 얼룩져 있습니다. 그러나 우리는 십자가의 길을 통해 그리스도의 이름으로써 하나님께 가서 은총과 사랑으로 가득차신 하나님을 볼 수 있습니다. "누구든지 그리스도 안에 있으면 새로운 피조물이라 이전것은 지나갔으니 보라 새것이 되었도다"(고후 5:17). 이것은 천국으로 가는 하나님의 사다리를 사용하는 인간 속에서 하나님의 영광스런 사역이십니다.

29

우리의 빛을 비추자

(사 64:6; 마 5:14; 마 9:4; 눅 19:1-10; 요 9장; 롬 1:16)

◆ 재 료

> 손 전등, 손 전등 속에 채울 헝겊조각들, 헝겊조각들 위에는 탐욕, 자만심, 불복종, 욕망, 험담, 시샘, 불결 등과 같은 낱말을 쓴다. "하나님의 권능"이라는 표시를 한 손전등 건전지

지금 나는 손에 손전등을 들고 있습니다. 손전등은 어디에 사용합니까? 그렇습니다. 어두운 곳을 비추는 데 사용합니다. 우리는 손전등을 사용하고 싶을 때 스위치를 켜야 합니다. 이 손전등의 스위치를 켜보겠습니다. 그러나 불이 들어오지 않는군요.

무엇이 잘못되어 있는가를 살펴봅시다(손전등을 열고 헝겊조각을 하나씩 꺼내면서 어린이들에게 보여주고 그 위에 쓰여진 죄를 설명해 주세요). 이 손전등은 모든 사람들에게 해당되는 잘못을 보여줍니다. 우리는 본래 죄로 가득 차 있습니다. 이사야 64장 6절에는 이렇게 기록되어 있습니다. "우리는 다 부정한 자 같아서 우리의 의는 다 더러운 옷 같으며… 우리의 죄악이 바람같이 우리를 몰아가나이다." 본래 우리는 영적으로 죽음으로써 하나님의 빛과 생명으로부터 단절되어 하나님을 섬길 수 없습니다.

하나님의 성령은 죄많은 인간을 위해 사역합니다. 율법을 통해 하나님은 죄에 연민을 보내시고 복음을 통해 그리스도 안에서 믿음을 사역하십니다. 여기에 손전등이 필요로 하는 건전지가 있습니다. 나는 그것을 "하나님의 권능"이라고 이름을 붙이겠습니다. 로마서 1장 16절은 "내가 복음을 부끄러워하지 아니하노니 이 복음은 모든 믿는 자에게 구원을 주시는 하나님의 능력이 됨이라"라고 기록합니다. 성령은 복음에 의해 우리를 부르시고 변화시킵니다(건전지를 넣고 다시 스위치를 켜 보세요). 이제 이 손전등을 사용할 수 있게 되었습니다. 그리스도가 성령에 의해 우리의 마음 속으로 들어오실 때 우리는 이 세상의 어두운 곳에서 그리스도를 위해 빛을 발하게 됩니다. 예수님은 "너희는 세상의 빛이라… 너희 빛을 사랑 앞에 비취게 하여 저희로 너희 착한 행실을 보고 하늘에 계신 아버지께 영광을 돌리게 하라"라고 말씀하셨습니다(마

5:14-16).

우리는 죄에 굴복하여 빛을 흐리지 않도록 매우 조심하여야 합니다(헝겊조각을 손전등 위에 놓고 죄를 하나씩 말해주세요). 이 헝겊조각을 손전등 위에 올려놓으면 빛이 흐리게 됩니다. 우리가 죄에 굴복하면(또 하나의 헝겊조각을 올려 놓고 거기에 써진 죄를 말해주세요), 우리의 빛은 더욱 흐려집니다. 머지않아 사람들은 우리가 그리스도에 속한다는 것을 볼 수 없게 됩니다. 여러분들이 교회에 나오지 않고 길에서 싸우거나 이웃의 재물을 부수면 사람들이 여러분을 그리스도에 속한다고 볼 수 있겠습니까? 그리스도는 우리들이 그리스도를 위해 빛을 비추고 또 동시에 다른 사람들을 위해 길을 비추도록 우리들을 어두운 곳에 놓아 두십니다. 그리스도를 위해 진실한 삶을 살고 다른 사람들에게 그리스도를 전합시다.

이 손전등에 건전지가 없으면 소용이 없는 것처럼 우리도 예수 그리스도를 믿지 않으면 하나님께 소용이 없게 되고 죄를 범하게 됩니다. 그리스도 안에서 하나님의 권능은 신자들을 거듭나게 하십니다. 신자들은 그리스도를 위해 빛이 됩니다. 어린이 찬송가는 다음과 같이 찬미합니다.

이 작은 나의 빛 비추게 할테야
이 작은 나의 빛 비추게 할테야
빛내리 빛내리 빛내리

나는 마태(마 9:4), 삭개오(눅 19:1-10), 그리고 소경(요 9)이 생각납니다. 이들은 주님 안에서 자기의 생명을 어둠에서 빛으로 바꾼 사람들입니다.

30

관계 속에서의 교훈

(마 6:33; 눅 10:38-42; 롬 8:32; 왕상 3:5-15)

◆ 재 료

조그마한 성경책. 빵, 옷, 집, 우유, 고기 등의 잡지 사진들. 사진을 마분지 위에 올려놓고, 다양한 길이의 리본으로 그것들을 성경에 붙인다. 성경과 사진을 선물상자처럼 포장한다.

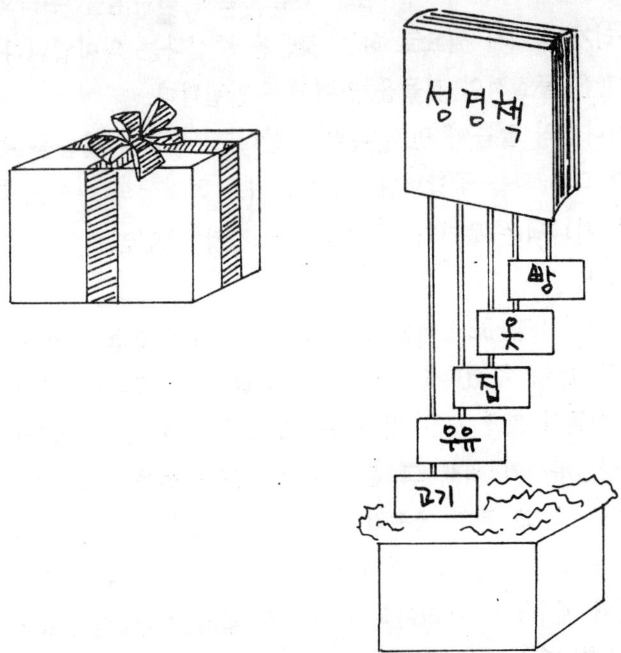

이것은 아름다운 포장입니다. 그렇죠? 이 꾸러미는 하나님의 메시지가 달려있어 특별합니다. 이 꾸러미는 관계 속에서 교훈을 가르쳐 줍니다. 이것을 열어봅시다. 얼마나 훌륭합니까? 성경이 나왔습니다. 성경은 하나님의 말씀입니다. 성경은 예수님을 통하여 우리에게 구원의 지식을 제공합니다(딤후 3:15).

그러나 보세요. 선물꾸러미 속에는 더 많은 것들이 있습니다. 성경책을 들어올려 보겠습니다. 리본들이 딸려나오네요. 그리고 리본에는 많은 것들이 붙어 있습니다(사진들이 하나씩 나타나도록 성경책을 서서히 높이 들어올리세요). 이것은 빵입니다. 빵은 하나님의 선물입니다. 옷이 나옵니다. 우리는 파티복, 교복, 작업복, 성가복 등 많은 종류의 옷을 입을 수 있습니다. 하나님은 우리에게 너무도 자상하십니다. 집이 있군요. 집은 아름답습니다. 집에서의 생활은 너무나 안락합니다. 우유가 있습니다. 이것은 근육을 튼튼하게 자라게 해주고 치아를 희고 건강하게 해줍니다. 또 고기가 있습니다. 고기는 우리에게 힘을 주는 단백질을 듬뿍 담고 있습니다.

하나님은 이 선물꾸러미의 선물로 우리에게 무엇을 가르쳐 주시려는 걸까요? 성경책을 펴서 마태복음 6장 33절을 읽어 봅시다. "너희는 먼저 그의 나라와 그의 의를 구하라. 그리하면 이 모든 것을 너희에게 더하시리라."

하나님은 우리가 예수님을 믿음으로써 하나님을 우리의 아버지로 영접할 때 우리가 삶에서 필요로 하는 것들을 주신다는 의미입니다. 우리는 음식, 옷, 집과 같은 물질적인 것들을 믿어서는 안됩니다.

하나님의 말씀이 먼저 나와야 합니다. 그분의 말씀을 통하여 우리는 그리스도와 그의 의를 구합니다. 이것이 바로 하나님의 나라로 들어가는 길입니다. 그러면 하나님은 우리가 이 세상에서 진정 필요로 하는 것들을 주시기를 약속하십니다.

로마서 8장 32절에는 하나님이 자신의 아들을 아끼시지 않고 우리 모두를 위해 내어 주셨다고 기록되어 있습니다. 그러자 사도 바울이 묻습니다. "어찌 아들과 함게 모든 것을 우리에게 주지 아니하시겠습니까?" 하나님이 우리를 구원하시기 위해 그 분의 아들이라는 선물을 주셨다면 그 선물과 함께 리본들도, 즉 그 분의 세속적 배려의 약속도 주실 것입니다. 하나님은 단지 우리만이 필요로 하는 이기적인 욕망을 주신다고 약속하지는 않으셨습니다.

한때 예수님은 마리아와 마르다의 집에 가셨습니다(눅 10:38-42). 마르다는 예수님을 섬기기 위해 음식을 준비하기에 바빴습니다. 마리아는 예수님의 발밑에 앉아 예수님의 말씀을 들었습니다. 마르다는 예수님이 마리아가 식사준비를 돕지 못하도록 하신다며 불평하였습니다. 예수님은 다음과 같이 말씀하시면서 마르다의 잘못을 고쳐 주셨습니다. "마르다야 네가 많은 일로 염려하고 근심하나 한 가지만이라도 족하니라. 마리아는 이 좋은 편을 택하였으니 빼앗기지 아니하리라." 이 말씀에 관계 속의 교훈이 있습니다. 첫째는 말씀입니다. 그런 다음 먹고 사는 문제를 걱정해야 합니다. 때때로 사람들은 회사 일을 핑계로 교회와 주일학교에 나오지 않습니다. 많은 사람들은 보다 많은 물건들을 갖기 위해 일요일에도 일을 합니다. 그들은 하나님의 말씀을 듣지 못하게 됩니다. 가족들은 식사를 하고 텔레비전을 보는데 너무 바빠 기도나 가정 예배를 소홀히 합니다. 우리가 하나님의 말씀을 최우선으로 섬기면 그리스도에 대한 믿음으로 살게 되고 그리하여 하나님이 우리를 돌보아 주시게 됩니다. 이로써 우리는 하나님이 주신 모든 선물에 감사하게 되고, 그러한 선물이 주신 분에 대한 우리의 시야를 가리지 않도록 할 수 있습니다.

나는 관계 속에서 교훈을 배운 솔로몬이 생각납니다(왕상 3:5-15절을 읽어보세요). 솔로몬은 하나님을 찬미하기 위해 영적인 축복을 요청하였습니다. 그의 생활에서는 하나님의 말씀이 으뜸이었습니다. 하나님은 그의 삶에 많은 세속적인 축복을 내리셨습니다.

우리를 버리지 않으시는 사랑

(삼하 11-12장; 사 42:3; 눅 15장; 눅 22:32, 52-62)

◆ 재 료

> 촛불 두 개. 한 개의 촛불은 그리스도의 빛을, 그리고 또 다른 하나는 신자의 촛불을 나타낸다. 신자의 촛불을 불어서 끈 다음 그리스도의 촛불을 신자의 촛불의 심지 위에 즉시 갖다 댄다. 그러면 불길이 옮아 붙어 신자의 촛불이 다시 켜지게 된다(꺼진 촛불 심지의 탄소가 불을 쉽게 끌어당긴다).

여기에 켜진 촛불이 있습니다. 이것은 예수 그리스도가 세상의 빛임을(요 8:12) 상기시켜 줍니다. 예수님은 이 촛불처럼 사람들에게 구원의 빛을 주십니다(요 1:9). 그러나 사람은 때때로 마귀, 세상, 자신의 육체 또는 흔들리는 신앙심에 의해 유혹을 받습니다. 즉 신자의 촛불은 잘 꺼집니다. 여러분은 잠시나마 신앙을 잃어버린 성경 속의 인물이 생각나지 않으세요? 그 사람은 누구였습니까?

그렇습니다. 다윗왕이었습니다. 그는 자신의 육체의 유혹을 받았습니다. 그는 밧세바와 간통을 한 다음 그녀의 남편을 살해하였습니다. 그의 죄악의 마음으로부터 믿음이 사라졌습니다(삼하 11).

또 베드로가 생각납니다. 그는 그리스도를 부인하도록 마귀와 세상의 유혹을 받았습니다. 신앙이 약해진 순간 그는 그리스도를 부인하였습니다. 그의 마음 속에서 믿음이 사라진 것입니다(눅 22:54-62).

그러나 이 두 성경 기록에서 우리는 하나님이 커다란 사랑으로 그들을 용서하기를 갈망하셨음을 찾아볼 수 있습니다. 하나님은 그들을 다시 돌리셨습니다. 촛불들을 자세히 살펴봅시다. 나는 믿음의 상실을 나타내도록 신자의 촛불을 불어서 끈 다음, 그 위에 그리스도의 촛불을 올려 보겠습니다. 어떤 일이 일어날까요? 그리스도의 촛불이 꺼진 촛불의 심지로 옮겨 붙었습니다. 그리스도 안에서의 하나님의 사랑도 그와 같습니다. 하나님은 어느 누구도 멸망하기를 의도하시지 않습니다.

다윗왕도 마찬가지였습니다. 하나님은 나단을 보내셔서 다윗왕에게 그의 큰 죄를 상기시키시고 회개토록 하셨습니다. 다윗왕은 회개하였습니다. 나단은, "여호와께서도 당신의 죄를 사하셨나니 당신이 죽지 아니하리이다"라고 말했습니다(삼하 12:13). 하나님은 다윗의 마음 속에 다시 믿음의 불꽃을 피우신 것입니다(시편 32편 및 51편 참조).

예수님은 베드로에게 약속하셨습니다. "내가 너를 위하여 네 믿음이 떨어지지 않기를 기도하였노니 너는 돌이킨 후에 네 형제를 굳게 하라"(눅 22:32). 베드로는 예수님을 부인한 것에 대해 매우 후회하였습니다. 그는 회개의 눈물을 흘렸습니다. 그는 예수님이 말씀하신 모든 것을 기억하였습니다. 그는 자기를 용서할 충분한 사랑이 있음을 알았습니다. 부활 주일에 예수님은 베드로에게 나타나셔서 용서의 확신을 심어주셨습니다. 베드로의 믿음의 불꽃이 다시 타올랐습니다. 그 후 베드로는 마귀와 세상이 자신의 믿음을 끄지 않도록 더욱더 조심했습니다. 그는 형제들을 굳게 하였습니다. 그는 복음을 전파하였습니다. 그는 증거하였습니다. 그는 사도서를 썼습니다. 그가 믿음으로써 마귀에 저항한 성경부분을 읽어보기 바랍니다(벧전 5:8-10).

누가복음 15장은 우리를 버리지 않는 사랑에 관해 말해줍니다. 하나님의 열렬하신 사랑이 갈구하는 목자, 찾는 여인, 기다리는 아버지 등에 나타나 있습니다. 구원의 사랑의 불꽃은 잃어버린 우리를 구원하고 다시 믿음의 불꽃을 피우도록 도와주십니다.

죄인들이 하나님의 커다란 사랑을 경험하면 그리스도의 빛 속에서 하나님께 더욱 가깝게 살게 되어 죄를 피하고 하나님을 섬기기 위해 노력하게 됩니다. 다윗왕과 베드로도 그랬습니다. 우리가 그리스도 안에서 하나님의 사랑이 얼마나 크며 하나님이 우리를 버리려 하시지 않음을 깨달을 때(롬 6:1-4) 우리도 다윗왕이나 베드로처럼 할 수 있습니다.

인간은 믿음을 버리고 그리스도로부터 떨어져 나갈 때 상실됩니다. 이 촛불이 꺼져 멀리 이동하면 그리스도의 촛불은 옮겨 붙을 수 없습니다. 예를 들어 유다가 그랬습니다. 그러나 하나님의 사랑은 그 참회자를 용서하시기를 열망하십니다. "상한 갈대를 꺾지 아니하며 꺼져가는 등불을 끄지 아니하리라"(사 42:3).

32

사랑이 제일이다

(요 13, 15장; 행 4:32-36; 고전 13장)

◆ 재 료

8 1/2×11인치의 흰 종이. 사랑을 나타내는 하트를 만들기 위해 종이를 접어 하트를 오려낸다(그림 1과 2참조). 그런 다음 그림 3처럼 자른다. 그림 4에서 보는 바와 같이 십자가는 믿음을, 그 밑의 닻은 희망을 각각 상징한다. 십자가와 닻을 잘라내면 하트는 그림 5와 같이 된다.

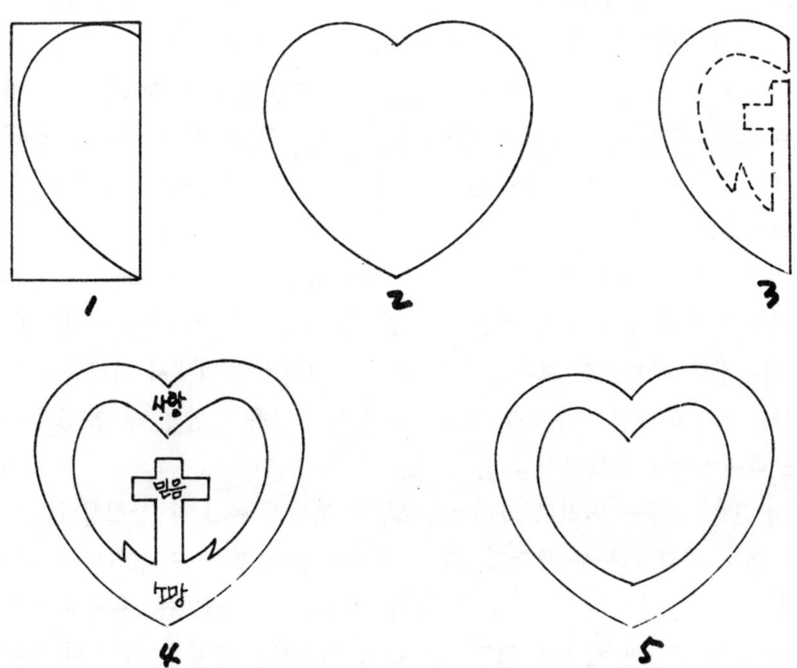

이 종이는 사랑에 관한 위대한 교훈을 제시합니다. 먼저 하트로 잘라 보겠습니다. 고린도전서 13장은 성경의 사랑에 관해 설명되어 있습니다. 사랑이라는 단어는 기독교적 사랑, 즉 스스로를 주는 사랑을 의미합니다. 사도 바울은 기독교적 사랑이 모든 기독교적 행위에 가치를 부여하고 그 스스로도 가치를 가짐을 선언합니다. 고린도전서의 13장의 마지막 부분에서 바울은 "그런즉 믿음, 소망, 사랑, 이 세 가지는 항상 있을 것인데 그 중에 제일은 사랑이라."

라고 말합니다.

　나는 이 하트를 세 가지 덕을 예시하도록 잘라보겠습니다. 가운데의 십자가는 믿음을 나타냅니다. 믿음은 개인적 구원을 위해 십자가의 그리스도를 믿는 것입니다. 하트의 밑부분과 십자가가 어떻게 닻을 이루는지 주목하기 바랍니다. 닻은 기독교적 소망의 상징입니다. 하늘의 목표에 설정된 믿음이 소망입니다.

　여러분은 왜 사도 바울이 세 덕중 제일은 사랑이라고 말했는지 궁금할 것입니다. 이에 관해서는 다음과 같이 생각해볼 수 있습니다. 믿음은 개인적이지 않습니까? 여러분이 믿음을 가지면 영적인 생명으로 축복을 받습니다. 소망도 개인적입니다. 그러나 사랑은 이타적입니다. 그러기 때문에 셋 중 사랑이 제일입니다. 여러분이 믿음과 소망을 가지면 사랑의 마음도 갖게 됩니다. 즉 여러분은 다른 사람들의 행복에 관심을 갖게 됩니다. 그리하여 비통함이 있는 곳에 연민을 보이게 되고, 미움이 있는 곳에 자애로움을 보이게 됩니다. 또한 사람들이 그리스도를 모르면 그들에게 그리스도를 말해주게 됩니다.

　그러나 사랑이 제일인 또 다른 이유가 있습니다. 여러분과 내가 천국에 가게 되면 우리는 더이상 믿음을 필요로 하지 않습니다. 우리는 그리스도를 직접 대면하게 됩니다(그림 4에서처럼 십자가 부분을 잘라내세요). 또한 우리가 천국에 가게 되면 우리의 소망이 이루어지게 됩니다(역시 닻 부분도 잘라내세요). 그러면 무엇이 남습니까? 그것은 마음입니다. 완벽한 사랑은 천국을 진정한 천국으로 만듭니다. 하트가 흰 데에 주목하세요. 이것은 천국의 완벽과 순결을 상징합니다. 이미 이 순결은 신자들이 다른 사람들과 공유하도록 제공되었습니다. 내가 이 하트를 통하여 여러분을 볼 수 있게 되었듯이, 하나님도 우리들을 사랑을 보이도록 구원된 자녀들로 보십니다.

　기독교적인 사랑은 죄와 영원한 죽음으로부터 예수 그리스도를 구세주로 영접하는 사람들의 마음 속에 태어납니다. 이 사람은 다가올 영광의 영적인 광채입니다. 예수님은 다락방에서 기독교적 사랑에 관해 말씀하셨습니다(요 13:15). 초대교회 그리스도인들은 특별한 방법으로 사랑을 실천하였습니다(행 4:32-36). 사도 바울은 그의 사도서에서 사랑을 보이고 고무하였기 때문에 사랑의 사도로 알려졌습니다.

33

유용된 돈

(마 19:16-26; 요 12:32; 딤전 5:8-10, 6:17-19)

◆ 재 료

> 맨 밑에 자석이 붙은 십자가, 동전(니켈), 못 서너 개. 동전을 통한 자석의 세기를 못의 무게로 시험한다. 자석과 못 사이에 동전이 위치하면 자류가 감소되어 못이 떨어진다.

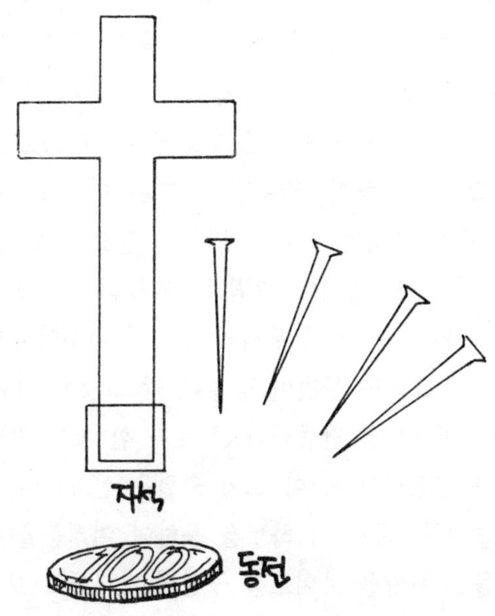

　　여기 맨 밑에 자석이 달린 십자가가 있습니다(십자가를 들어보이세요). 이 십자가는 다음과 같은 예수님의 말씀을 상기시킵니다. "내가 땅에서 들리면 모든 사람을 내게로 이끌겠노라"(요 12:32). 예수님은 세상의 죄를 치르고 모든 사람들을 예수님께로 이끌기 위해 오셨습니다. 이 자석으로 못들을 당겨 보겠습니다. 못들이 십자가에 붙지 않습니까! 자석이 못들을 이끌었기 때문입니다. 자세히 보세요. 자석에 붙은 못에 갖다 대기만 하여도 다른 못들이 들리지 않습니까! 이 현상은 예수님께 속하는 사람들이 다른 사람들을 예수님께로 이끌고 감을 보여 줍니다. 예수님의 왕국에서 살면서 섬기는 것이 인생의 목적입니다. 여기에 동전이 있습니다. 이 동전을 자석과 못 사이에 위치시켜 보겠습니다. 못이 들리지 않고 떨어집니다. 이와 같이 인간이 이 땅의 재물이나 자기 자신을 믿으면 그리스도의 진실한 부를 거부하는 것이 됩니다.

한 젊은 부자가 예수님에게로 왔습니다(마 19:16-26). 그는 영생을 상속하려면 무엇을 하여야 하는지를 알고 싶었습니다. 그는 하나님의 계율을 지킴으로써 구원을 받으려고 노력하였습니다. 예수님은 그를 십계명으로 인도하시면서, "네 이웃을 네 몸같이 사랑하라"고 강조하셨습니다. 그 젊은이는 어려서부터 모든 십계명을 지켜왔노라고 뽐냈습니다.

예수님은 그에게 모든 재산을 팔아 그 돈을 가난한 사람에게 나누어주고 예수님을 따라 오라고 말씀하셨습니다. 바로 여기서 예수님은 그 젊은이가 다른 무엇보다도 하나님을 더 사랑하지 않음을 보여주신 것입니다. 그 젊은이는 자기의 재산을 신으로 우상화하여 왔습니다. 바로 이러한 사실이 그 젊은이가 모든 계명을 어긴 증거가 되었습니다. 예수님은 그를 구원하시고 싶었으나 동전이 이 자석과 못 사이에 있는 것처럼 그와 구세주 사이에 배금주의가 놓여 있었습니다. 그 젊은이는 슬퍼하면서 돌아갔습니다. 그는 인생의 가장 큰 목적, 즉 그리스도를 발견하고 다른 사람들을 그리스도에게 데려오는 것을 실천하지 않았던 것입니다. 부와 재물을 믿고 그것들을 신으로 섬기는 자는 하나님께 속할 수 없습니다. 그리스도를 믿는 것만이 유일한 길입니다. 우리가 하나님께 속할 때는 하나님이 우리를 지배하도록 허용하게 됩니다. 우리는 하나님의 명령의 길을 따르려고 노력하게 됩니다. 우리는 돈을 더이상 신뢰하지 않고 그것을 하나님을 위한 봉사에 사용하게 됩니다(동전을 집어 한 어린이에게 주어버리세요). 우리는 다른 사람들이 인생의 목적을 그리스도 안에서 찾도록 도와주기 위한 사역과 자선에 우리의 돈의 일부를 사용해야 합니다. 우리는 개인적인 필요에 의해 돈을 사용할 수도 있습니다. 그러나 하나님께 속한다 함은 우리 자신과 돈을 하나님의 목적에 맡김을 의미합니다. 하나님의 목적중 하나는 그리스도의 십자가를 통해 다른 사람들을 이끄는 것입니다.

다시 자석에 붙어있는 못에 다른 못들을 연달아 붙여보겠습니다.

우리는 앞서 말한 그 젊은 부자가 그리스도에게 다시 돌아왔는지는 알 수 없습니다. 현재로서 가장 중요한 것은 여러분이 그리스도를 믿고 그의 권능하에서 사는 것입니다. 우리가 동전을 자세히 살펴보면 동전이 이렇게 말하는 것을 느낄 것입니다. "나는 믿지 마세요. 나는 부식되고 잃어버릴 수 있습니다. 나는 오직 일시적일 뿐입니다. 우리가 믿는 분은 오직 하나님 뿐이십니

다"(재물의 적절한 사용법을 알고 싶으면 디모데전서 6장 17-19절과 5장. 8
-10절을 읽어보세요).

새로운 마음

(마 15:19; 롬 7:18-19; 고후 5:17; 엡 2장)

◆ 재 료

마분지로 두 개의 검은 하트를 만든다. 장난감 자물쇠를 잠겨있는 채로 걸어놓는다. 자물쇠에 맞는 열쇠 이외에 세 열쇠를 준비한다. 첫번째 열쇠에는 "선행," 두 번째 열쇠에는 "지식," 그리고 세 번째 열쇠에는 "기도"라고 표시한다. 그리고 맞는 열쇠에는 "그리스도에 대한 믿음"이라고 표시한다. 맞는 열쇠의 표시 뒷면에 검은 십자가를 표시한다. 맞는 열쇠의 표시는 봉투 속에 들어있어야 하여, 이 봉투는 개봉될 때 하트 위에 놓일 흰 종이조각들을 담고 있다. 종이조각들 위에 믿음, 평화, 기도, 사랑, 기쁨, 선행 등의 낱말을 붉은 글씨로 쓴다. 그 중 하나에는 그리스도의 그림을 붙인다. 이들 종이조각 은 핀으로 꽂을 수 있도록 한다. 효과를 강조하기 위해 갈색 크레용으로 하트 의 바깥면에 마태복음 15장 19절에 수록된 죄의 종류를 쓴다.

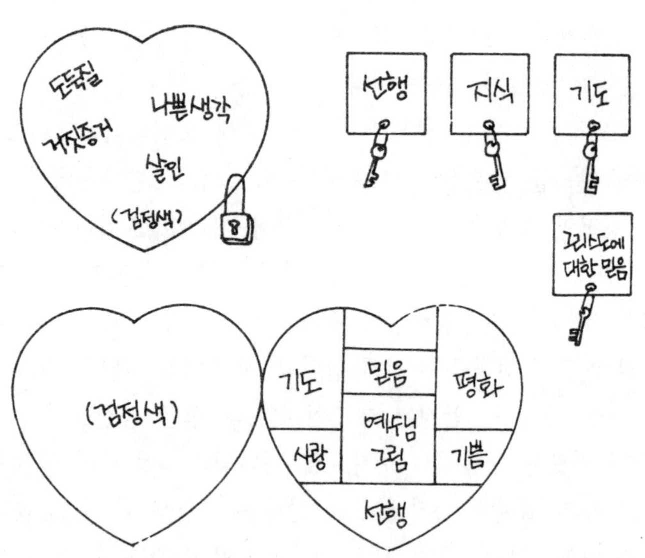

이 하트를 보세요. 검고 무시무시하지 않습니까? 이것은 본래의 인간의 마음을 나타냅니다. 이에 관해 성경은 다음과 같이 기록합니다. "만물보다 거 짓되고 심히 부패한 것은 마음이라"(렘 17:9). 예수님은 말씀하셨습니다.

"마음에서 나오는 것은 악한 생각과 살인과 간음과 음란과 도적질과 거짓 증거와 훼방이니라"(마 15:19). 이러한 타락한 마음에 대한 징벌은 분명하게 주어집니다. "모든 사람이 죄를 지었으므로 사망이 모든 사람에게 이르렀노라"(롬 5:12). 모든 인간의 마음은 본래 선행에 대해 닫혀 있습니다.

(시연에 들어가기 전에 네 어린이에게 열쇠를 각각 하나씩 주세요. 그리고 틀린 열쇠를 가진 어린이들에게 하트를 열어보라고 하세요. 매번 시도시마다 설명을 하세요.) 어떤 사람들은 좋은 일을 하려고 노력합니다. 그들은 지금 좋은 일을 하면 하나님께 의롭게 된다고 생각합니다. 그러나 선행은 어느 누구도 구원하지 않습니다. "우리의 행한 바 의로운 행위로 말미암지 아니하니라"(딛 3:5). 어떤 사람들은 지식을 추구합니다. 그들은 인간이 나아지는 데 필요한 것은 인간의 지혜 분야에서 계속 배우는 것이라고 생각합니다. 지식은 구원을 할 수 없습니다(고전 1:20). 또 약간의 기도만 하려는 사람들도 있습니다. 그러나 인간의 죄악이 인간과 하나님을 갈라놓아 하나님이 들으실 수 없으므로 기도만으로는 인간의 잠궈진 마음을 열지 못합니다(사 59:2). 여기에 "그리스도에 대한 믿음"의 열쇠가 있습니다. 그것은 검은 십자가로 표시되어 있습니다. 왜냐하면 그리스도가 온 세상의 죄를 떠맡으셔서 온 세상을 구하기 위해 돌아가셨기 때문입니다. 그리스도는 죄 사함을 주시러 오시며 인간을 믿음으로 인도하십니다. 이 열쇠는 인간의 마음을 엽니다.

이제 하트가 열렸습니다. 그리스도는 얼마나 음산한 곳에 오십니까! 그러나 그 분은 마음을 새롭게 하시기 위해 오십니다. 그리스도는 마음의 한가운데에 자리를 잡으십니다(그리스도의 그림을 한가운데에 놓으세요). 그리스도는 영적인 축복이라는 완전한 선물을 가지고 오십니다. 그리스도는 우리 신자들에게 그 분을 믿는 지속적인 신앙을 주십니다(모든 축복들을 하트 위에 위치시키세요). 믿음으로부터 평화가 나옵니다. 처벌의 두려움이 사라지면 하나님과 더불어 화평을 누리게 됩니다(롬 5:1). 기쁨은 삶의 시련과 문제에 의해 흐트러지지 않는 안정된 태도입니다. 사랑은 자신을 하나님께 바치는 행위입니다. 기도는 구세주의 이름으로 하나님과 대화하는 믿음의 음성입니다. 선행은 믿음의 열매로 나타납니다. 선행은 구원을 할 수 없습니다. 선행은 믿음의 뒤를 따릅니다(엡 2:8-10). 자, 하트의 이쪽 면을 보세요. 이 면은 그리스도에 대한 믿음에 의해 새롭게 되었습니다. 붉은 글자들은 이들 축복이 예수님의 피를 통해 우리에게 내려옴을 상기시켜 줍니다.

하트의 뒷면을 보세요. 이곳은 아직도 검습니다. 이곳은 거듭나지 않습니다. 이것은 천국의 맞은편에 있는 신자들에게 붙어 있는 "옛날의 아담"입니다. 따라서 기독교인은 성도인 동시에 죄인입니다. 사도 바울이 로마서 7장 18-19절에서 말한 것도 이러한 의미입니다. "내 속 곧 내 육신에 선한 것이 거하지 아니하는 줄을 아노니 원함은 내게 있으나 선을 행하는 것은 없노라. 내가 원하는 바 선은 하지 아니하고 도리어 원치 아니하는 바 악은 행하는도다." 바울은 바로 오래된 죄인의 자아와 그리스도 안에서의 새로운 성도의 자아간 내적 투쟁에 관해 말하고 있었습니다. 천국에서는 완전한 거듭남이 있게 됩니다. 천국의 맞은편에서 우리는 투쟁에 직면하고, 은총의 측면에서 하나님의 권능, 즉 복음과 성찬을 계속 필요로 합니다. 따라서 신앙을 굳건히 하고 그리스도의 권능에 우리 마음을 열어두어야 합니다. 다음과 같이 매일 기도하세요.

나를 새롭게 하소서. 오, 영원한 빛이여
나의 마음과 영혼을 밝게 해주소서.
당신의 성스러운 얼굴로부터 발산되는
은총의 빛으로 밝혀지도록 하소서.

35

하나님 말씀의 권능

(딤후 3:14-17)

◆ 재 료

> 큰 컵 두 개, 촛불 두 개, 베이킹소다 두 스푼, 물, 식초, 검정 잉크, 성냥 등. 촛불을 작은 용기 덮개 위에 올려놓고 밑면을 녹여 단단히 고정시킨다. 촛불 옆에 큰 컵을 놓는다. 촛불은 그 불꽃이 컵보다 낮도록 충분히 짧아야 한다. 두 컵에 소량의 물을 넣고, 그 중 한 컵에는 소다를 넣는다. 다른 유리잔에 식초를 넣고 검정잉크를 섞는다.

이들 컵에 이름을 붙여 보겠습니다. 한 컵은 팀이라고 하고 다른 컵은 톰이라고 하겠습니다. 이 두 어린이가 아기였을 때 그들의 부모는 그들이 세례를 받도록 하기 위해 예수님께로 데려갔습니다. 즉, "중생의 씻음과 성령의 새롭게 함을 위해"(딛 3:5) 데려갔습니다. 세례의 권능에 의해 영적인 생명이 그들의 마음에 들어갔습니다(촛불을 켜세요). 이 소년들은 성장하면서 부모님으로부터 예수님에 관해 들었고 그리하여 주일학교에 다녔습니다. 머지않아 그들에게는 교회가 더욱 의미있게 되었습니다.

그러나 모든 기독교인들과 마찬가지로, 예수님으로부터 떼어놓으려는 세상의 악과 육체와 마귀가 그들을 침범하였습니다(삶의 악을 나타내기 위해 검은 식초잔을 보여주세요).

팀과 톰은 모두 세상의 악을 경험하였습니다. 그들은 예수님을 사랑하지 않는 친구들을 사귀었습니다. 그들의 친구는 교회와 주일학교에 다니지도 않았고 집에서도 예수님에 관해 들을 기회가 없었습니다. 그들은 장난꾸러기들이었고 재미있게 노는 것만을 좋아했습니다. 그들은 팀과 톰이 주일학교와 교회에 다니는 것을 놀렸습니다. 얼마 안있어 톰은 친구들을 모방하기 시작하였고 그리하여 교회와 주일학교를 빠지는 날이 많게 되었습니다. 또한 톰은 집에서 성경도 읽지 않았습니다. 톰은 교회에 있을 때도 목사님의 말씀을 듣기보다는 졸면서 시간을 보냈습니다. 그는 주일학교의 문제아가 되었습니다. 그리고 얼마 안있어 그는 주일학교 선생님을 싫어하게 되었고 신앙에 등을 돌리게 되었습니다. 그러나 팀은 친구들의 놀림에도 아랑곳하지 않고 하나님의 말씀을 사랑하였고 그 말씀의 실천을 위해 모든 노력을 다하였습니다.

어떤 소년이 강하게 남았을까요? 이 악의 검정식초를 각 컵에 부어 보겠습니다. 먼저 톰에게 부어 보겠습니다(톰은 소다를 탄 물입니다.). 어떤 일이 일어날까요? 거품이 일어납니다. 이리하여 악이 실제로 톰의 일부가 되었습니다. 그리고 촛불도 꺼졌습니다. 톰은 불쌍하게 되었습니다. 그는 베드로와 유다를 연상시킵니다. 톰이 거듭날 또 다른 기회를 얻게 될까요?

다음에는 같은 악의 검정식초를 팀에게 부어 보겠습니다. 팀은 여전히 예수님을 위해 불꽃을 피웁니다.

차이는 무엇일까요? 악 속에서도 팀을 강하게 만든 것은 하나님의 말씀을 들었기 때문입니다. 하나님은 우리가 그 분의 말씀을 듣는 한 우리를 지켜주실 것을 약속하십니다. 만약 우리가 그 분의 말씀을 버리면 악이 쉽게 우리를 지배합니다.

성경에도 하나님의 말씀을 사랑하여 계속 강하게 된 실제의 팀이 있습니다. 우리는 그에 관해 디모데후서 3장 14-17절에서 읽어볼 수 있습니다. 사도 바울은 어린아이였을 때부터 하나님의 말씀을 배운 디모데에게 계속 하나님의 말씀을 듣도록 훈계하였습니다. 하나님의 말씀은 디모데에게 그리스도에 대한 믿음을 통한 구원의 길을 인도하셨고, 그를 신성한 삶 속에서 훈련시키셨습니다. 디모데는 예수님을 위해 자신의 빛을 발한 복음주의자였습니다.

예수님은 우리가 계속 불꽃을 피우기를 원하십니다. 왜냐하면 믿음에 의해서만 우리가 구원되기 때문입니다. 믿음은 지속되면 우리의 삶 속에서 나타납니다. 예수님은 말씀하셨습니다. "이같이 너희 빛을 사람 앞에 비취게 하여 저희로 너희 착한 행실을 보고 하늘에 계신 너희 아버지께 영광을 돌리게 하라"(마 5:16).

여러분은 하나님의 말씀을 사랑합니까?

36

믿음으로 의롭게 되기

(롬 3:10-28)

◆ 재　료

장식용 저울, "하나님의 신성함"이라는 표시가 된 흰 상자, 검은 하트를 붙인 보다 작은 회색상자. 이 상자 속에 검은 하트를 몇 개 넣어둔다. 첫번째 흰 상자와 크기는 같으나 무게가 조금 가벼운 또 다른 흰 상자. 이 상자에는 "그리스도"라는 표시를 하고 그 위에 붉은 십자가를 그린다. 세 상자를 미리 저울에 달아보아 시연때 균형을 이루도록 한다. 십계명의 첫번째, 다섯 번째 및 여덟 번째 계명을 나타내는 숫자를 쓴 색인카드.

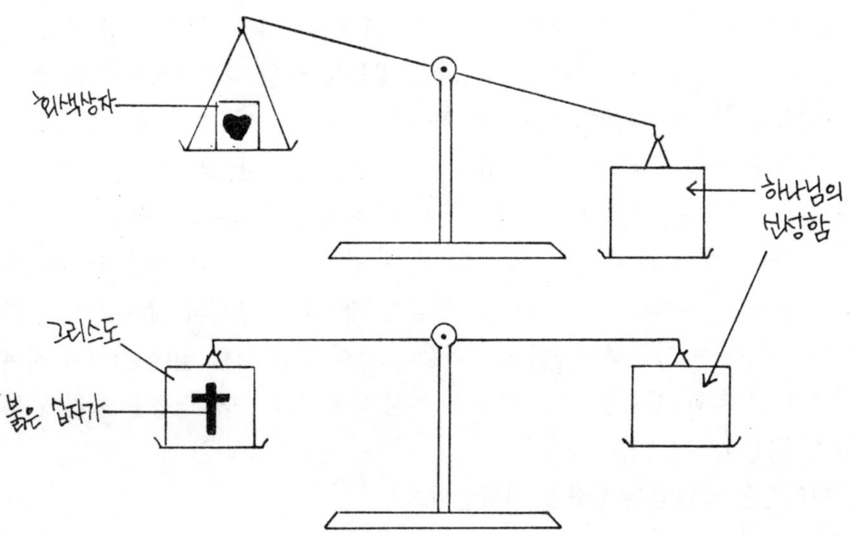

　여기에 아름다운 금빛 저울이 있습니다. 이 저울은 하나님의 의로우심을 상징합니다. 세상의 모든 사람들은 하나님의 의로움의 저울에서 평가됩니다. 저울 한쪽에 하나님의 성스러운 상자를 놓겠습니다. 하나님은 완벽하게 성스러우십니다. 의로움은 하나님의 성스러움의 표현입니다.

　이제 작은 상자를 반대편 저울대에 놓아 보겠습니다. 이 상자는 인간을 상징합니다. 자 어떻게 될까요? 저울이 균형을 이루지 않는군요. 하나님의 성스러움이 인간을 완전히 압도합니다. 문제는 하나님이 너무 성스러우시다기보다 인간이 너무 죄가 많다는 점입니다. 이 작은 검은 하트는 모든 인간들에 대한 하나님의 진단을 상기시켜 줍니다(롬 3:10-18). "어느 누구도 의롭지 않으며 어느 한 사람도 하나님을 구하지 않습니다." 인간의 목과 혀 그리고 입술은 신랄함과 저주로 가득차 있으며 인간의 발은 피를 흘리는 데 여념이 없습니다. 이러한 죄는 특히 십계명의 첫번째, 다섯 번째 및 여덟 번째 계명에 어긋나는 것입니다.

어떻게 하면 저울의 균형을 이루게 할 수 있을까요? 어떤 사람은 최선을 다하기만 하면 하나님과 올바른 관계에 있게 된다고 생각합니다(첫번째 계명을 나타내는 카드를 들어 보이세요). 그들은 아마도 크리스마스나 부활절에 이따금씩 하나님을 찾을 것입니다(저울의 회색 상자 쪽에 그 카드를 올려 놓으세요). 그래도 저울이 균형을 이루지 않습니다. 왜냐구요? 그것은 사람들이 완벽하게 하나님을 구하지 않기 때문이 아닐까요? 여러분은 예배 중에 여러분의 마음과 영혼을 완전히 하나님께 드립니까? 일요일 저녁의 만찬, 일요일 오후의 계획, 하나님 말씀의 따분함 등과 같은 잡념이 들어오치는 않습니까? 누가 자신의 이웃에 대해 완벽히 처신했다고 주장할 수 있습니까? (여덟 번째 계명의 카드를 회색 상자 위에 올려 놓으세요). 여러분은 무례한 말을 하지 않았습니까? 여러분은 남을 험담하지 않았습니까? 이 계명 역시 저울을 균형 시키지는 못합니다.

우리는 살인이 나쁜 것을 압니다(다섯 번째 계명의 카드를 회색 상자 위에 올려 놓으세요). 그래서 많은 사람들은 사람을 죽이지 않았으므로 다섯 번째 계명을 지켰다고 생각합니다. 성경은 남을 미워하는 것도 하나님의 눈에는 살인과 같다고 기록합니다(요일 3:15). 엄격한 부모님, 완고한 선생님, 위압적인 배우자 등에 대해 미움의 생각을 갖는 것은 너무도 쉽습니다. 우리가 이 계명을 지킨다 해도 저울추가 균형을 이루지 못합니다.

인간의 미약한 노력에 의해 근근히 지켜지는 나머지 모든 계명들을 회색 상자 위에 올려 놓아도 역시 저울은 균형을 이루지 않습니다. 하나님의 의로 우심의 저울은, "너희를 저울에 달아보았으나 부족함이 발견되었도다!"라고 선언하실 것입니다. 이 선언은 모든 사람을 대상으로 내려집니다. "모든 사람이 죄를 범하였으매 하나님의 영광에 이르지 못하였느니라"(롬 3:23). (이 성경구절을 분명히 하기 위해 회색 상자에서 나머지 검은 하트를 모두 꺼내 보이세요). 이제 저울 위에 있는 우리의 모습을 봅시다. "율법의 행위로 그의 앞에 의롭다 하심을 얻을 육체가 없나니 율법으로는 죄를 깨달음이니라"(롬 3:20).

하나님은 인간이 하나님께 올바르게 되기 위해 스스로는 어떤 것도 할 수 없음을 아셨습니다. 그리하여 하나님이 직접 모든 것을 하셨습니다. 하나님은 모든 사람들을 위해 완벽하게 율법을 세우기 위해 아들을 보내셨습니다. 그 분의 아들은 세상의 죄를 치르기 위해 십자가 위에서 생명을 바치셨습니다. 이 그리스도의 상자에 있는 붉은 십자가는 죄인들을 위해 의로움을 구하기 위해 귀중한 피를 흘리셨음을 상기시켜 줍니다. 로마서 3장 21-22절에는 다음과 같이 기록되어 있습니다. "이제는 율법외에 하나님의 한 의가 나타났으니 … 곧 예수 그리스도를 믿음으로 말미암아 모든 믿는 자에게 미치는 하나님의 의니라." 죄인이 자신이 잃어버린 자이며 구원을 위해 그리스도에게 신앙을 구하려 한다고 고백하면 하나님은 그에게 그리스도의 신성함과 의로움을 주십니다. 즉, 그리스도께 저울 위로 오셔서 균형을 이루어 주실 것을 요청하는 것이 됩니다(그리스도의 상자를 회색상자 위에 놓으세요. 이제 완벽하게 균형이 이루어졌습니다).

그리스도를 위해 죄인들을 의롭다고 선언하시는 하나님의 행위는 믿음에 의한 의로움이라고 합니다. 이로써 신자는 하나님께 의롭게 되고 천국에 갈 수 있게 됩니다. 이 그리스도의 상자가 죄인의 상자를 완전히 덮는 것처럼 그리스도의 의로움은 죄인들을 완전히 감싸십니다. 그리스도 안에서만이 죄 사함으로 통하는 피난처가 있습니다.

사도 바울은 다음과 같이 이에 관해 선언합니다. "그리스도 예수 안에 있는 구속으로 말미암아 하나님의 은혜로 값 없이 의롭다 하심을 얻은 자 되었느니라. 이 예수를 하나님이 그의 피로 인하여 믿음으로 말미암는 화목 제물로 세우셨노라"(롬 3:24-25). 그런 다음 바울은 다음과 같이 결론을 내립니다. "그러므로 사람이 의롭다 하심을 얻는 것은 율법의 행위에 있지 않고 믿음으로 되는 줄 우리가 인정하노라"(롬 3:28).

나는 우리를 위해 저울의 균형을 이루지 못한 계명 카드들을 하나님의 신성함의 상자 위에 올려 보겠습니다. 하나님은 우리가 완벽하기 때문이 아니고 그 분의 자녀이기 때문에 그 계명들을 받아들이십니다. 신자로서 우리는 하나님을 보다 찬미하기 위해 선행을 하도록 노력합니다. 선행은 믿음 뒤에 나타납니다. 구원은 그리스도의 사역에 대한 믿음에 의해서만 옵니다.

안식일인가, 축제일인가?

(출 20:10; 신 5:15; 골 2:16-17)

◆ 재 료

> 뒷면을 분리시킬 수 있는 암실상자. 그림자가 드리워지는 부분에는 "토요일", "휴식"(안식일) 및 "의식의 율법"이라는 단어를 쓴다. 뒷면 중앙부분에는 "도덕적 율법"이라는 단어를 쓴다. 다른 부분에는 "가족예배", "공중예배", "개인예배"등의 예배 장면의 사진을 붙인다. 뒷면에는 붉은 십자가를 그려 넣는다.

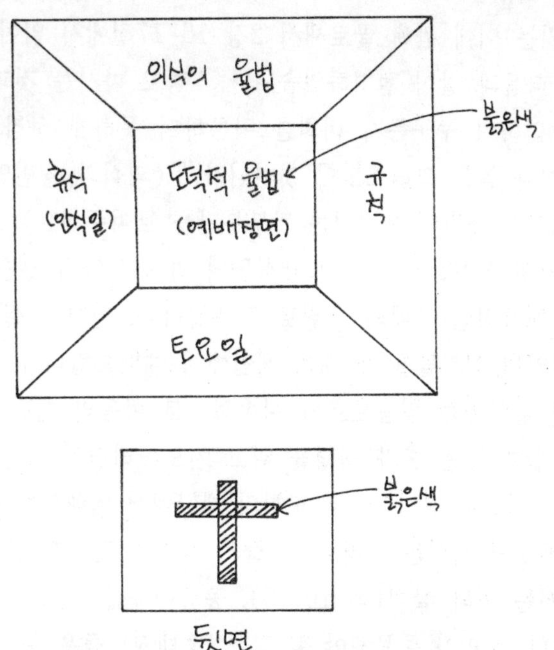

암실상자는 어떤 것을 표현하는 특수한 방법입니다. 이것은 항목에 깊이감을 제공합니다. 이 암실상자를 이용하여 예배에 관한 특별한 것을 배워봅시다.

하나님은 시내산에서 모세를 통하여 십계명을 내리셨습니다. 이에 관해서는 출애굽기 19장과 20장에서 읽어볼 수 있습니다. 하나님이 이 예배계명을 내리셨을 때 그것을 암실상자같은 액자에 넣으셨습니다. 그림자 부분은 의식의 율법의 부분입니다. 이는 어떤 특별한 날, 즉 일곱 번째 날이 필요함을 의미합니다. 또한 엄격한 규칙이 부여되었습니다. 사람들은 그 날을 휴식의 날로 지키고 어떤·일도 하지 않아야 했습니다(출 20:10). 그 날은 하나님의 자비와 도움에 대한 영적인 명상의 시간이었습니다(신 5:15). 이 부분은 예배 계명의 도덕적 부분입니다.

휴식일로서의 안식일은 예수 그리스도가 십자가 위에서 구속하심으로써 가져다주실 영적인 휴식일입니다(뒷면의 붉은 십자가를 보여주세요). 예수님이 이와 같은 사역을 하셨을 때 의식의 율법이 지켜졌고, 이리하여 안식일로서의 그 특별한 날과 절대적인 육체적 휴식과 관련된 규칙들이 더이상 적용되지 않게 되었습니다.

우리는 이에 관해 골로새서 2장 16-17절에서 읽어볼 수 있습니다. 사도 바울은 다음과 같이 설명하였습니다. "먹고 마시는 것과 절기나 월삭이나 안식일을 인하여 누구든지 너희를 평론하지 못하게 하라. 이것들은 장래 일의 그림자이나 몸은 그리스도의 것이니라." (의식의 율법인 그림자 부분을 떼어내고 도덕적 율법이 쓰여있는 뒷부분만을 보여주세요).

신약의 신자들은 의식의 규칙들에 얽매어 있지 않습니다. 오직 도덕적 부분만이 계속적인 예배의 행위로 적용됩니다. 영과 진실로써 하나님께 예배드리는 신약의 신자들은 세 개의 제단에서 예배드립니다. 이들은 예수 그리스도에 대한 살아있는 믿음으로써 계속적으로 마음의 제단에서 예배드립니다. 또 이들은 함께 또는 혼자 성경을 읽고 기도드리면서 가정의 제단에서 예배드립니다. 또 이들은 정기적으로 교회의 제단에서 예배드립니다.

예배일의 선택은 그리스도인들의 자유에 맡겨져 있습니다. 그러나 성경이 명령하시는 바와 같이(히 10:25), 공중예배를 위해서는 어떤 날이 합의되어야 합니다. 우리가 주목해야 할 점은, 초대교인들은 주일의 첫째날인 일요일을 공중예배일로 선택하였습니다. 왜냐하면 예수님께서 일요일에 죽음에서 부활하셨고, 성령이 일요일인 첫번째 성령강림절에 쏟아졌기 때문입니다(고전 16:1-2절 및 계 1:10을 참고하세요).

이 계명을 지키는 신약은 하나님의 사랑에 대한 신자의 총체적 생명의 응답으로서 예배의 행위입니다. 신자들은 하나님을 위한 사랑으로서 하나님의 말씀을 기쁘게 듣고 그에 따라 삽니다. 마음의 제단과 가정의 제단에서 한 주.

내내 예배하는 신자들은 교회의 제단에서도 가장 잘 예배합니다. 예배일은 하나님의 말씀에 대한 공중의 찬송과 경청의 신성한 날입니다.

하나님은 세상을 6일만에 만드셨고 7일째 되는 날에 쉬셨습니다. 하나님은 세상을 1초 만에 만드실 수도 있었습니다. 그러나 하나님은 6일 간에 걸쳐 창조하셨습니다. 하나님이 안식일을 만드셨을 때 이러한 하나님의 사역은 인간에게 교훈이 되었습니다. 하나님의 사역의 의미는 다음과 같습니다. "전지전능한 신인 내가 6일 후에 쉬었는데 하찮은 너희가 영적인 균형을 유지하기 위해 그 이상 얼만큼 더 쉬어야 하겠느냐!"

구약의 제도는 아직도 우리의 영적인 재생입니다. 그러나 의식의 율법의 부분들이 더이상 우리를 구속하는 것은 아닙니다. 우리는 주중의 어느 때고 공중예배를 자유로이 가질 수 있습니다. 우리는 세 개의 제단에서 사랑의 마음으로써 예배의 불꽃을 계속 태울 때 하나님이 전지전능하심을 인식하게 됩니다.

38

섬기기 위해 구원된 우리

(창 13장, 14:18-20; 갈 3:14)

◆ 재 료

거울, 투명한 유리창, 작은 입식형 금색 십자가 및 은화 한닢.

여기에 투명한 유리창이 있습니다. 여러분은 유리창을 통해 볼 수 있을 것입니다. 무엇이 보입니까? 그렇습니다. 이 창을 통해 다른 사람들을 볼 수 있습니다.

이제 내 손에는 거울이 있습니다. 아무 어린이나 한 사람 나와서 거울을 보세요. 무엇이 보입니까? 그렇습니다. 바로 여러분 자신이 보입니다.

이 두 종류의 유리는 어떤 커다란 차이점을 가집니까? 유리창과 거울 간 차이는 거울이 유리 뒤에 엷은 은막을 가지고 있어 여러분의 얼굴을 반사한다는 점입니다. 옛날에 한 랍비는 한 구두쇠에게 거울을 들여다보도록 하여 교훈을 가르쳐 주었습니다. 그 랍비는 다음과 같이 말했습니다. "작은 은이 이처럼 추가되면 당신은 다른 사람들을 볼 수 없고 오직 당신 자신만을 보게 된다."

성경(창 13)에도 그러한 사람이 있었습니다. 그의 이름은 롯이었습니다. 롯은 이기적이었습니다. 아브라함과 롯은 각자의 가축떼가 너무 많아 서로 함께 풀을 뜯게 할 수가 없어 서로 결별하였습니다. 아브라함은 롯에게 먼저 선택권을 주었습니다. 롯은 가장 좋은 땅을 선택했습니다. 그는 하나님의 물건들보다 세상의 물건들을 더 좋아했습니다. 인간이 자신을 섬길 때는 가장 최악의 우상을 섬기는 것입니다.

한편, 아브라함은 하나님을 사랑하여 천국의 보물에 마음을 바쳤습니다. 그는 하나님의 약속을 믿었으며 그에게는 의로움이 중요하였습니다(창 15:6; 갈 3:14). 아브라함은 약속된 그리스도를 믿었습니다(십자가를 보여주세요). 인간이 그리스도를 영접하면 영원히 풍성하게 됩니다. 아브라함은 하나님에 의해 세속의 부로도 축복을 받았습니다. 그러나 아브라함이 그의 세속의 부를 신앙의 눈으로 보았기 때문에 세속의 부가 그를 타락시키지 못했습니다. 그는 세속의 부를 남을 돕는 데 사용하였습니다. 그는 우리가 이 유리창을 통해 보

듯이 생명을 보았습니다(십자가를 유리창 뒤에 세우세요). 그는 앞으로 오실
구세주를 통해 다른 사람들의 궁핍을 보았습니다. 부자가 되는 것이 죄는 아
니지만, 부자이면서 부에 대해 올바른 마음을 갖지 않는 것은 나쁜 일입니다.
아브라함은 올바른 마음을 가졌습니다. 왜냐하면 그의 마음은 그리스도에 있
었기 때문입니다. 그는 물론 주님께 십일조를 바쳤습니다(창 14:18-20).

　　우리의 삶이 우리 자신을 중심으로 공전토록 하고 하나님의 선물을 우리
자신을 섬기기 위해 사용하는 대신에(거울뒤의 은막처럼), 다른 사람들의 삶
을 축복하기 위해 우리의 금과 은을 사용합시다(은화를 보여주세요). 돈은 우
리가 다른 사람들과 함께 진정한 부의 복음을 나누도록 도와줍니다. 하나님이
우리 자신과 봉사, 그리고 실체를 사용하도록 허용합시다. 아브라함과 같이,
우리가 하나님을 섬기기 위해 구원됨을 깨달읍시다.

　　나의 은과 금을 가져가소서
　　나는 한 푼도 남기지 않겠나이다
　　내 자신을 데려가소서
　　나는 항상, 오직 주님만을 위하겠나이다.

39

축복의 씨앗

(창 25:29-34; 마 25:1-13; 요 18:28-40; 고후 4:18; 히 12:16-17)

◆ 재 료

쟁반 2개, 네 조각으로 나눈 사과, 사과에서 빼낸 씨.

(쟁반을 하나씩 양 손에 들고 어린이들에게 보여주세요.) 여러분은 이 두 쟁반 중 어떤 것을 선택하겠습니까? 한 쟁반에는 사과조각이 들어있고, 다른 쟁반에는 그 씨가 들어 있습니다(어린이들이 스스로 선택하도록 해보세요. 그들은 항상 과일쟁반을 선택할 것입니다. 만약 씨가 든 쟁반을 선택하는 어린이가 있다면 그 이유를 설명해보도록 하세요). 그렇군요. 여러분은 모두 과일쟁반을 선택하였습니다. 왜 그것을 선택하였습니까? 아마도 여러분의 과일이 씨보다 더 맛있기 때문에 선택하였을 것입니다. 다른 어린이들도 친구들의 선택에 동의합니까?

여러분이 씨를 선택했다고 가정해 봅시다. 그렇다면 여러분은 씨를 어떻게 이용하겠습니까? 그렇습니다. 씨는 심을 수 있습니다. 그러면 수 년 후에 여러분은 하나의 사과가 아닌 수백 개의 사과를 갖게 될 것입니다. 여러분은 한 사과 속의 씨를 셀 수는 있지만, 씨 한개 속의 사과는 셀 수 없습니다. 이것은 무엇을 의미합니까? 사과나무는 하나의 씨에서 자랍니다. 우리는 하나의 사과나무에 해마다 몇 개의 사과가 열릴 것인지 모릅니다.

여러분은 조니의 사과씨에 관해 들어본 적이 있습니까? 그는 1800년경 펜실베니아, 오하이오, 인디애나 등지에서 수백 마일을 여행했던 미국의 한 개척자였습니다. 그는 셔츠 대신 커피부대를 걸쳤고 모자 대신 냄비를 썼습니다. 그럼에도 그는 성경과 사과씨 봉지를 지니고 다녔습니다. 그는 하나님의 말씀을 전파하면서 사과씨를 심었습니다. 그는 미래와 남을 위한 봉사를 생각했던 것입니다. 그는 미래를 위해 현재의 즐거움을 거부했습니다. 그로부터 수십 년 후 그가 돌아다녔던 지역에서 많은 사과나무가 자랐고, 이 풍성한 사과나무들은 그의 사려깊음의 표시가 되었습니다.

많은 사람들은 현재 즐길 수 있는 것들에만 관심을 갖습니다. 그들의 주요 관심은 현재 자신들이 행복하게 되는 것입니다. 그들은 하나님의 장기적인 계획, 즉 하나님이 그들이 일생동안 하기를 원하시는 것이나 내세를 위해 준비하기를 원하시는 것에는 관심이 없습니다. 그들은 단지 오늘을 위해서만 삽니다.

에서를 생각해 봅시다(창 25:29-34; 히 12:16-17). 에서는 팥죽 그릇을 선택하였으며 상속권을 위조하였습니다. 아브라함의 후손들에서는 요셉에게 유다에 이르기까지 상속권은 장차 오실 구세주의 영적인 약속과 많은 사람들을 위한 미래의 축복을 수반하였습니다. 상속권은 다음과 같았습니다. "너희의 자손들에 의해 이 땅의 모든 가족이 축복을 받게 되리라." 에서는 이러한 나쁜 선택을 한 불경스러운 사람으로 불리웁니다.

아니면 본디오 빌라도를 생각해 봅시다. 예수님이 그 앞에서 재판을 받으셨을 때 빌라도는 영원을 위한 것들이냐 아니면 현재를 위한 것들이냐를 선택해야 하는 기로에 섰습니다. 그는 자신의 인기와 세속적인 지위만을 생각했습니다. 그는 그리스도 안에서 미래의 축복을 보지 못했습니다. 예수님은 자신의 왕국이 이 세상의 왕국이 아니요 영원의 왕국임을 명백히 선언하셨습니다(요 18:28-40).

또 열 처녀의 비유를 생각해볼 수 있습니다(마 25). 다섯 처녀는 미래를 예비하지 못했기 때문에 어리석었습니다. 다른 다섯 명의 처녀는 예비했습니다. 그들은 앞을 내다봤습니다.

우리도 앞을 내다봅시다. 하나님의 말씀의 씨앗을 사용합시다. 우리는 다음과 같은 성경구절을 기억합니다. "우리의 돌아보는 것은 보이는 것이 아니요 보이지 않는 것이니 보이는 것은 잠깐이요 보이지 않는 것은 영원함이니라"(고후 4:18).

우리는 씨 속의 사과는 볼 수 없습니다. 그러나 씨 속에는 쟁반 위에 있는, 즉 우리가 현재 먹을 수 있는 사과보다 더 많은 사과들이 있을 것이라는 점에는 동의할 것입니다. 쟁반 위의 사과는 사라지게 됩니다. 씨는 심게 되면 미래에 보다 많은 사과를 생산합니다. 그러면 하나님의 말씀의 씨앗은 얼마나 큰 축복이겠습니까? 하나님의 말씀은, 현재에는 생명의 약속을 하시고 앞으로는 재림하실 예수 그리스도의 축복을 우리 모두에게 주십니다. 우리는 다른 사람들도 생각합시다. 우리가 축복의 씨앗을 선택할 때는 다른 사람과 나눌 축복을 갖게 됩니다. 우리는 예수님이 우리를 영원한 죽음으로부터 구원하시고 영생을 주신다는 복음을 다른 사람과 함께 나눌 수 있습니다.

40

성찬식의 의미

(마 26:26-28; 고전 11:26)

◆ 재 료

> 8 1/2인치×11인치의 흰 종이. 아래 그림처럼 성찬용 빵과 성찬용 포도
> 주 모양을 잘라낸다. 그림에서 처럼 접어 십자가를 만든다.

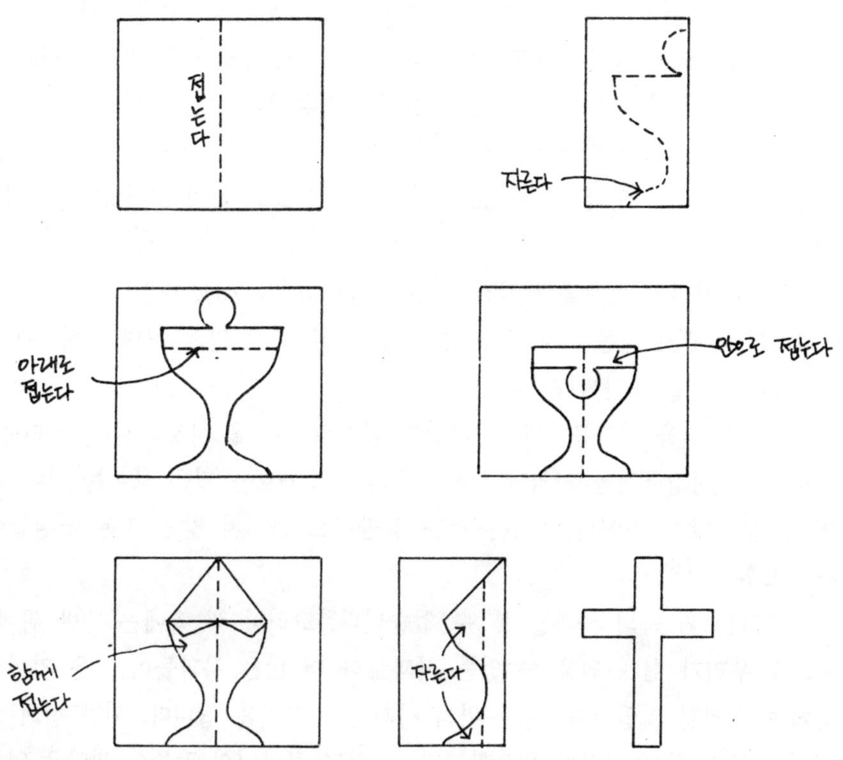

이 흰 종이는 우리에게 성찬식에 관한 위대한 진리를 가르쳐 줄 것입니
다. 이 종이를 접어 잘라보겠습니다(그림 참조). 이것은 성찬식의 빵과 잔을
보여줍니다. 빵은 "희생자"를 의미하는 라틴어로부터 유래된 "주인"이라고도
합니다. 빵은 발효제를 첨가하지 않은 것입니다. 예수님이 세족 목요일날 "십
자가에 가시기 전" 제자들과 함께 계셨을 때 성찬식에서 이 빵을 사용하셨습
니다. 이에 관해 마태복음 26장 26절에는 다음과 같이 기록되어 있습니다.

"저희가 먹을 때 예수께서 빵을 가지사 떼어 제자들을 주시며 가라사대 받아 먹어라 이것이 내 몸이라 하시다." 예수님은 세상의 죄를 위한 희생으로서 십자가 위에서 자신의 신성한 몸을 바치셨습니다.

잔은 성찬식의 또 다른 부분을 상징합니다. 유월절 축제에서는 포도주가 사용되었습니다. 예수님은 성경에 기록된 바와 같이 포도주를 사용하셨습니다. "잔을 가지사 사례하시고 저희에게 주시며 가라사대 너희가 다 이것을 마시라. 이것은 죄 사함을 얻게 하려고 많은 사람을 위하여 흘리는 바 나의 피, 곧 언약의 피니라"(마 26:27-28). 예수님은 십자가 위에서 돌아가시면서 신성하고 귀중한 피를 흘리셨습니다. 그리스도의 몸과 피는 성찬식의 보이지 않는 일부입니다.

그림에서처럼 이 빵과 잔을 접어 잘라 보겠습니다. 이것은 무엇일까요? 이것은 그리스도의 몸이 죽어 매달리셨던 그 분의 십자가를 상징합니다. 이 십자가는 예수님이 성찬식에서 자신의 진정한 몸과 피로써 현재하시는 위대한 진리를 상기시켜 줍니다. 이 진리는 그리스도의 성찬식 참예라고도 합니다. 그 이유는 신인이신 예수님이 그렇게 선언하셨기 때문입니다. 그리스도의 참예는 그리스도가 "이것은… 이니라"라고 말하셨을 때 다락방에서 이루어졌습니다. 성찬식이 그리스도의 제도에 따라 지켜지는 곳은 어디에서나, 그 분은 몸과 피인 빵과 포도주 아래에 계십니다. 하나님은 이 보이지 않는 몸과 피를 통해 신자들에게 위로와 힘을 주십니다. 이렇게 특별한 방법으로 예수님은 신자들 속에 계시기 위해 오십니다. 예수님은 다락방에서 사도 요한이 그랬던 것처럼 그대의 어깨에 기댔던 것보다 더 신자들 가까이에 계십니다.

또한 성찬식에 참여하는 사람들은 신앙의 고백을 합니다. 예수님의 몸과 피에 의한 죄 사함의 약속은 신자들을 위로하고 그들의 믿음을 강하게 하시려는 예수님의 특별한 선물입니다(다시 십자가를 보여주세요). 신자들이 성찬식에 참여하는 사실 자체만으로도 그들의 믿음의 선포입니다. 모든 성찬 배수자들은 그러한 행위에 의하여 다음과 같이 말하는 것이 됩니다. "나는 예수님이 오래 전에 갈보리에서 돌아가셨음을 믿으며 세상의 유일한 구세주임을 믿습니다. 나는 그 분이 다시 오실 때까지 내 생명을 걸고 그 분의 죽음을 증거하겠습니다." 그러면 우리는 다음과 같은 하나님의 보증을 받습니다. "너희가 이 빵을 먹으며 이 잔을 마실 때마다 주의 죽음을 오실 때까지 전하는 것이니라"(고전 11:26).

예수님이 성찬식에 자신의 몸과 피로써 참예하신다는 사실은 신자들에게 그 분의 죽음을 전할 수 있는 힘과 권능을 줍니다.

41

끊어진 죄의 힘

(창 3:1-15, 요 8:34-36)

◆ 재 료

> 검은 카페트 올과 가위. 여기에 등에 십자가를 지신 예수님의 그림을 붙
> 인다. 가는 검은 실 한가닥

　(한 어린이에게 앞으로 나오라고 하세요.) 여러분은 에덴 동산에서 살았
던 아담과 하와를 알 것입니다. 마귀가 그들을 유혹하기 위해 에덴 동산에 왔
습니다. 그들은 마귀의 말을 듣고 죄를 범했습니다(검은 카페트 올을 어린이
의 팔꿈치에 감아 보세요). 아담과 하와는 무서운 붕대의 죄로 감겼습니다. 그
들은 두려움, 슬픔, 죽음 등으로 묶였습니다. 그들의 생명은 죄로 인해 비참하
게 되었고, 그들은 하나님을 섬길 수 없게 되었습니다.

　(어린이의 팔꿈치를 카페트 올로 계속 감으면서 설교하세요). 여러분은
증오심을 느껴 다른 사람을 때린 적이 있습니까? 여러분은 어떤 것을 너무나
갖고 싶은 나머지 남을 속인 적이 있습니까? 하나의 죄는 또 다른 죄를 잉태
합니다. 도둑질은 그것을 은폐하기 위한 거짓말로 이어집니다. 부모님과 선생
님에 대한 불복종은 비행으로 이어집니다. 죄도 그와 같습니다. 죄는 속박, 슬
픔, 죄의식, 죽음 등을 수반합니다. 이 세상에 나온 모든 사람들은 죄의 올로
묶여 있습니다. "너희의 허물과 죄로 너희는 죽었도다"(엡 2:1). 예수님은,
"죄를 범하는 자마다 죄의 종이라"라고 말씀하셨습니다(요 8:34).

　여러분이 이처럼 속박되어서는 하나님을 섬길 수 없습니다. 그러면 어떻
게 하면 죄에서 해방될 수 있을까요? (어린이에게 스스로 올을 풀어보라고 하
세요. 물론 스스로 풀 수 없도록 올을 여러 겹으로 단단히 묶어 두었어야 합
니다).

　나는 여러분이 자유로워질 수 있는 방법을 말해 주겠습니다. 내 손에는
가위가 있습니다. 여러분은 가위가 끈을 끊을 수 있다고 믿겠지요? 여러분은
자유로워지고 싶지요? 자, 가위에 붙은 그림을 보세요. 이것은 예수님의 그림
입니다. 예수님은 우리들을 죄의 속박으로부터 해방시키기 위해 오셨습니다.
이미 에덴 동산에서 하나님은 여자의 후손에게 승리를 약속하셨습니다(창 3.

15). 아담과 이브는 믿음을 가졌을 때 죄의 벌과 힘으로부터 해방되었습니다. 예수님이 사람들에게 죄의 속박에 관해 말씀하실 때 다음과 같이 덧붙이셨습니다. "아들이 너희를 자유케 하면 너희가 참으로 자유하리라"(요 8:36).

이제 올을 잘라 이 어린이를 해방시키겠습니다. 여러분은 이제 여러분을 해방시키신 하나님을 섬기기 위해 여러분의 팔과 손 그리고 여러분의 전 생명을 자유롭게 사용할 수 있습니다. 그러나 기억하세요! 마귀는 여러분이 자유롭게 되어 그리스도를 섬기기를 원하지 않습니다. 마귀는 여러분을 그의 끈으로 붙잡아두려고 애쓸 것입니다(어린이에게 이번에는 가는 실로 둘러보세요). 마귀는 여러분이 거짓말하고 속이도록 유혹합니다. 여러분은 어떻게 하겠습니까? 여러분은 마귀의 검은 올을 경계하고 그리스도를 섬겨야 합니다. 그러면 마귀의 끈이 여러분을 속박하기 전에 그것을 끊을 수 있게 됩니다(이 어린이는 가는 끈을 혼자서도 쉽게 끊을 수 있습니다). 이것을 회개하는 삶이라고 합니다. 우리는 죄를 경계하고 회개하여 그리스도에게 우리의 죄를 용서해 주실 것을 요청해야 합니다. 그러면 우리는 처음부터 죄에 저항하여 싸울 수 있습니다. 그럴 때만이 우리는 자유롭게 되어 거듭난 생명으로써 그리스도를 섬길 수 있게 됩니다.

그리스도는 커다란 대가를 치르시고 우리 모두를 자유롭게 하셨습니다(그림 뒤에 있는 십자가를 보여주세요). 그리스도는 십자가 위에서 돌아가심으로써 죄와 죽음과 마귀를 패배시키셨습니다. 그리스도는 이를 증명하기 위해 다시 일어나셨습니다. 그리스도가 우리를 자유롭게 하셨고 또 계속 자유롭게 하실 것임을 믿으면 우리는 최선을 다하여 그리스도를 섬기게 됩니다. 이것이 바로 진정한 예배입니다. 그리스도는 우리를 죄의 벌로부터 해방시키십니다. 그리스도는 우리에게 죄를 이길 매일의 권능을 주십니다. 언젠가 그리스도께서 우리를 천국으로 데려가실 때 우리를 죄로부터 완전히 해방시켜 주십니다.

42

영적인 정지 신호

(마 7:13-14; 눅 24:34-53; 행 1:8, 2:42-47, 8장)

◆ 재 료

> "정지"라는 낱말을 쓴 마분지. 이 마분지는 성경의 중심적인 가르침을 나타낸다.

"정지"(Stop)라는 낱말의 첫 글자인 S는 뱀처럼 생기지 않았습니까? 이 S는 우리에게 무엇을 연상시킵니까? 그렇습니다. 마귀입니다. 마귀는 뱀의 형상으로 최초의 남녀를 하나님께 복종하지 않도록 유혹하였습니다. 하나님을 거역하는 것을 "죄"(Sin)라고 하며, 이 단어 역시 S로 시작합니다. "정지" (Stop)의 두 번째 글자인 T는 우리의 구세주가 우리의 죄를 치르기 위해 돌아가신 십자가와 비슷합니다. 그 다음 글자 O는 예수님이 일어나신 무덤의 열린 문을 연상시켜 줍니다. 또한 O는 예수님을 믿는 모든 사람들에게 천국의 문이 열려 있음을 연상시킵니다. 예수님을 죄로부터 구원하시는 구세주로 믿는 모든 사람들은 이 사실을 다른 사람들에게 전합니다. 전한다 함은 전도, 선언, 공표 등을 의미합니다.

여러분이 길에서 STOP이라는 신호를·볼 때마다 예수님의 죽음과 부활로 인해 우리가 구원을 받은 성경이야기를 생각해 보시기 바랍니다. 그리고 이러한 진리를 다른 사람들에게 전파하는 것을 잊지 말도록 하세요.

STOP신호는 교통이 번잡한 교차로에 많이 설치되어 있습니다. 하나님의 영적인 STOP신호도 좁은 길과 넓은 길의 생명의 교차로에 있습니다. 넓은 길은 멸망으로 인도하고, 좁은 길은 생명으로 인도합니다(마 7:13-14).

모든 예배는 하나님의 진리를 생각하고 새로운 열정으로 그 진리를 다른 사람들에게 전하기 위해 삶의 바쁜 일정 중에서 중단함을 의미합니다. 매일의 주님의 날은 작은 부활절이며, 열린 무덤과 열린 천국을 의미합니다. 열린 무덤과 열린 천국은 예수님 안에서의 죄 사함을 통합니다. 모든 기독교인들은 충실하게 예배드렸습니다(행 2:42-47). 제자들도 멈추어 서서 성경의 메시지의 의미를 생각하였습니다. 그들은 예수님의 부활을 알았습니다. 그들은 열심히 예배를 드렸습니다. 그들이 약속된 성령을 영접했을 때(행 1:8-2), 그들은 전파하기 위해 나갔습니다(눅 24:34-53). 베드로도, 빌립도, 바울도 그랬습니다.

잠시 멈추어 성경을 공부하고 예배를 드리면서 성경의 진리를 생각해 봅시다. 시간을 내어 성경의 말씀, 즉 죄인들이 예수님 안에서 죄 사함을 받는 방법을 전파합시다.

43

용서받은 자가 용서한다.

(창 37:15-36, 50:15-21; 마 6:9-15, 18:21-35; 엡 4:32)

◆ 재　료

> 　　12인치의 흰색 마분지 하트. 그 위에 "이기심", "질투", "잘못", "복수", "악", "시샘", "증오" 등의 단어를 쓴다. 두 개의 반쪽 하트를 그림과 같이 옆에 붙인다. 두 반쪽 하트를 하트 위에 덮을 때 접하는 부분에 "용서"라는 단어가 나타나도록 한다. 반쪽 하트의 뒷면은 붉게 칠하여 하트 위에 달을 때 붉은 색이 되도록 한다. 처음에는 반쪽 하트를 옆으로 펼쳐보인다.

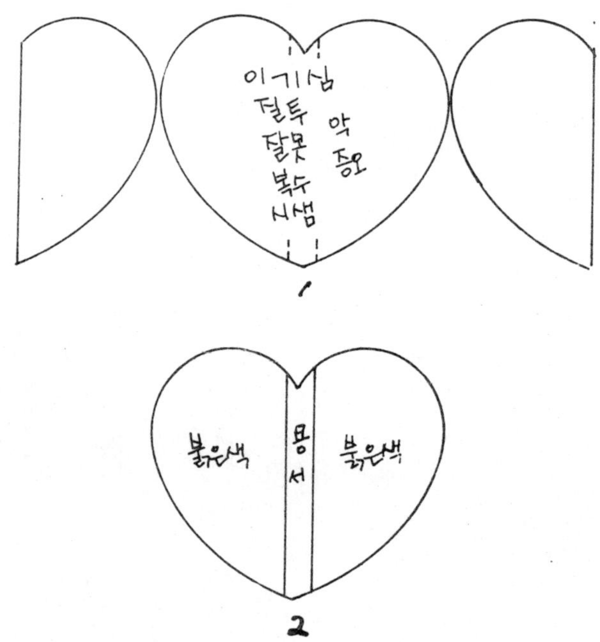

　　이 흰 하트는 무시무시한 죄로 가득 차 있습니다. 그 죄들은 하나님에 의해 선택된 가족 내에서 범해집니다. 때때로, 하나님의 이름을 지니고 세상에 태어난 우리 그리스도인들은 무분별하게 죄가 우리의 삶을 침범하도록 합니다. 빈번하게 용서하지 않는 영혼이 우리의 삶과 다른 사람의 삶에 고통을 줍니다.

창세기 37장 15-36절에는 야곱의 아들들에 관한 이야기가 실려 있습니다. 요셉은 그의 형제들의 살해대상이 되었습니다. 그의 형제들은 매우 이기적이었습니다. 야곱이 요셉에게 채색옷을 주었을 때 그들은 이기적으로 행동하여 시샘이 자기들을 지배하도록 하였습니다. 그들은 요셉을 구덩이에 밀어넣어 나중에 노예로 팔기로 음모하였습니다. 이것은 요셉이 그들의 아버지인 야곱의 편애를 받는 데 대한 복수였습니다. 이들 형제들은 요셉에 대한 시샘과 증오 때문에 악을 생각하고 실천한 것입니다.

여러분은 이러한 모든 것에 대해 요셉이 어떻게 대처하였다고 생각합니까? 요셉도 마음 속에는 똑같은 것들을 가지고 있었습니다. 성경은 죄의 오랜 속성이 하나님의 자녀들에게 달라붙어 그들의 마음과 삶에 짐을 지운다고 기록합니다. 그러나 요셉은 이러한 죄가 그를 지배하지 않도록 하였습니다. 그는 약속된 구세주 안에서 용서를 발견했습니다(반쪽 하트들을 앞으로 접어 보이세요). 요셉은 하나님이 구세주를 약속하신 것을 기억하였습니다. 그는 그 약속을 믿었으며 그리하여 그의 죄는 덮어졌습니다. 하나님이 그의 아들의 피로써 인간의 죄를 덮을 때는 하나님의 마음이 용서하시는 마음으로 됩니다. 창세기 50장 15-21절에는, 요셉의 형제들이 요셉에게 용서해 달라고 요청했을 때 요셉은 용서를 해주고 형제들을 도왔다고 전합니다.

자주 사람들은, "나는 너를 용서해주겠으나 잊지는 않겠다."라고 말합니다. 이것은 용서가 아닙니다. 용서는 온유함으로 나타납니다.

용서하지 않는 마음은 진정 믿지 않는 마음입니다. 진정으로 그리스도를 위한 하나님의 용서를 믿는 마음은 다른 사람들도 용서합니다.

용서받은 죄인이 용서함을 증명하기 위해 예수님은 비유로 말씀하셨습니다(마 18:21-35). 예수님은 주님에게 기도하신 후에 특별한 용서를 하셨습니다(마 6:9-15). 예수님은 남을 용서하는 것이 얼마나 중요한가를 증명하시기 위해 그렇게 하신 것입니다. 바울은 다음과 같이 기록하였습니다. "서로 인자하게 하며 불쌍히 여기며 서로 용서하기를 하나님이 그리스도 안에서 너희를 용서하심과 같이 하라"(엡 4:32).

우리도 요셉처럼 용서하면서 삽시다. 우리가 그리스도의 피로 우리의 죄를 덮고 있는 동안에는 우리의 죄가 우리를 지배하지 못합니다. 우리가 그리스도의 피로 덮인 마음의 의미를 깨달을 때 믿음의 새 생명이 용서의 삶으로서 우리를 지배합니다. "저는 우리 죄를 위한 화목제물이니 우리만 위할 뿐 아니요 온 세상의 죄를 위하심이라"(요일 2:2). 바로 이 말씀이 용서하는 요셉이 될 수 있는 힘입니다.

44

변화된 그리스도인

(눅 3장; 행 9:36, 6-7장, 10장, 16:11-15; 롬 12:12)

◆ 재 료

> 석탄 한 덩어리, 좀약, 향수, 찬송가 레코드.

이 석탄 덩어리는 인간의 자연상태를 나타냅니다. 석탄은 죽은 식물입니다. 이 물질은 한때는 녹색의 살아있는 식물이었습니다. 그러나 자연의 힘이 그것을 땅 속 깊이 묻어 압축시킴으로써 석탄이 되었습니다. 인간의 조상인 아담과 하와는 하나님 안에서 영적인 생명을 가졌습니다. 그러나 그들이 하나님을 거역하고 죄를 지었을 때 죄의 짐에 눌려 영적으로 죽은 사람이 되었습니다. 죽음은 모든 인간에게 전달되어 모든 사람들이 죄를 지게 되었습니다.

석탄은 광부가 파내지 않는 한 계속 묻혀있게 됩니다. 마찬가지로 하나님이 인간을 죄의 정죄로부터 들어올리시기 위해 그 분의 아들을 보내시지 않았다면 모든 사람들은 영원히 상실되고 정죄되었을 것입니다. 자연상태의 석탄은 열을 얻는 데에만 유용합니다. 지금 과학자들은 석탄을 정제, 변형시켜 새로운 석탄의 용도를 발견하였습니다. 석탄의 부산물은 생활상의 많은 물건들을 위한 재료가 됩니다.

예를 들어 좀약을 들 수 있습니다. 좀약은 순수하고 하얗습니다. 물론 좀약은 유용합니다. 좀약은 귀중한 옷이 좀에 의해 손상되는 것을 막아줍니다. 성령에 의해 변화된 신자들도 하나님께 유용한 자녀가 됩니다. 이들은 자신의 훌륭한 영향력에 의해 사회가 도덕적으로 타락되지 않도록 막아줍니다(마 5:13-16).

여기에 향수병이 있습니다. 신자들은 선행과 친절한 말로써 삶에 향기를 더합니다. 잠언 27장 9절에는 다음과 같이 기록되어 있습니다. "기름과 향이 사람의 마음을 즐겁게 하나니. 친구의 충성된 권고가 이와 같이 아름다우니라."

이것은 레코드입니다(녹음기가 있으면 레코드를 일부 재생해 보세요). 신자들은 노래와 증언으로 하나님의 사랑의 메시지를 전파합니다. 또한 신자들의 매일의 삶이 바로 하나님의 권능의 살아있는 레코드입니다.

　우리는 이러한 변화를 겪어 좀약, 향수, 레코드 등과 같이 유용하게 된 많은 사람들을 성경에서 읽습니다. 나는 세례 요한(눅 3), 도르가(행 9:36), 스데반(행 6-7), 루디아(행 16:11-15), 고넬료(행 10) 등이 생각납니다. 그 밖에도 변화된 생명의 살아있는 훌륭한 증인인 많은 사람들이 생각납니다.

　이제는 우리의 차례입니다. 성령은 일부러 우리를 신앙으로 부르셨습니다. 성령은 매일 여러분을 부르십니다. 여러분은 석탄 덩어리와 같은 신자에 만족해서는 안됩니다. 성경은 말합니다. "마음을 새롭게 함으로 변화를 받아 하나님의 선하시고 기뻐하시고 온전하신 뜻이 무엇인지 분별하도록 하라"(롬 12:2).

45

삼위일체이신 하나님

(신 6:4; 마 28:19; 요 3:1-18; 롬 5:1-8; 엡 1:3-14)

◆ 재 료

(1) 두꺼운 마분지나 나무로 만든 원판 가운데 구멍을 뚫고 검정 페인트로 칠한다.

(2) 같은 크기의 마분지 또는 섬유판 팬. 역시 가운데 구멍을 뚫고 흰 페인트를 칠한다. 팬의 각 날개에는 "영원하심", "전능하심", "충만하심", "전지하심", "변함이 없으심", "미쁘심", "의로우심", "은혜로우심", "사랑"등과 같은 하나님의 성격을 쓴다("은혜로우심"이 "의로우심"과 "사랑"사이에 있도록 한다). 가운데에는 "하나님은 성령이시다"라고 쓴다. 이 구절은 하나님의 영원성을 상징하는 의미로 녹색으로 쓴다.

(3) 삼위일체의 상징인 삼각형과 원. 원에는 녹색으로 "아버지", "아들", "성령"을 쓴다. 이 상징은 마분지로 만들어 바탕색을 금색이나 은색으로 하면 더욱 효과적이다.

(4) 붉은 십자가

(5) 핀과 직경 1/2인치의 고리. 이 핀과 고리는 팬과 원 뒷면 사이에 삽입한다. 물건을 가능한 한 크게 만든다. 이 물건은 영구적인 교육용으로 사용할 수도 있다.

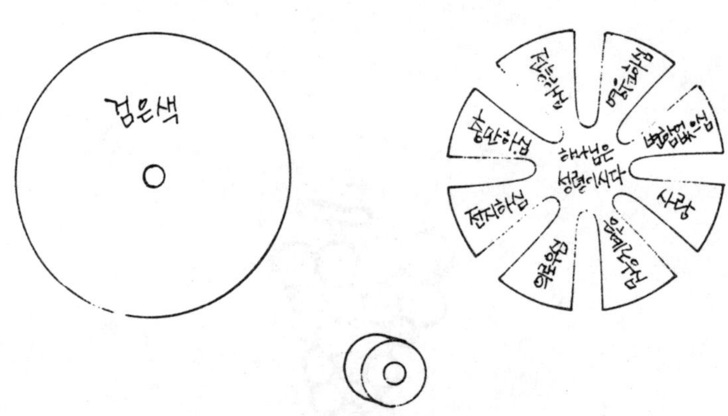

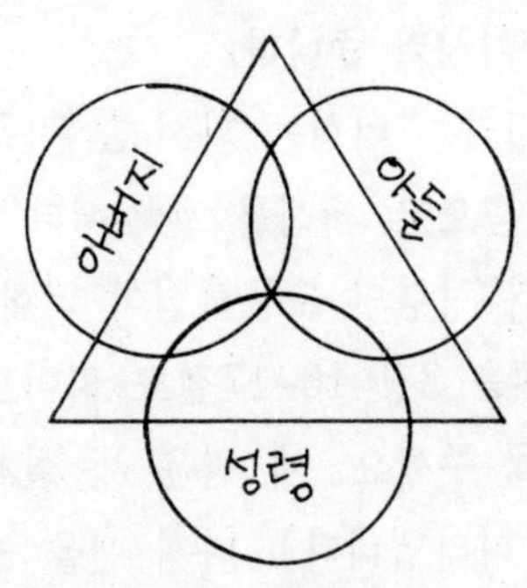

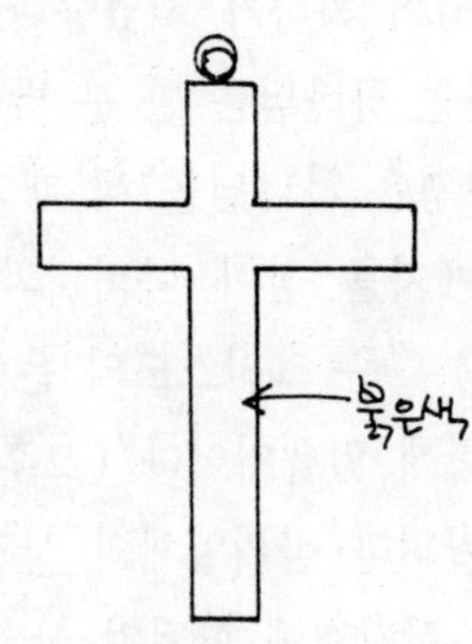

　　이 검은 원을 보세요. 이것은 우리가 본래적으로 알고 있는 하나님을 나타냅니다. 창세기에는 하나님이 존재하신다고 전합니다. 마찬가지로 우리의 양심도 존재합니다. "창세로부터 그의 보이지 아니하는 것들 곧 그의 영원하신 능력과 신성이 그 만드신 만물에 분명히 보여 알게 되나니 그러므로 저희가 핑계치 못할지니라"(롬 1:20). "그 양심이 증거가 되니라"(롬 2:15). 그러나 하나님에 관한 본래의 지식은 우리에게 단지 하나님의 지식과 권능만을 말해 줄 뿐입니다. 이러한 우리의 지식은 죄많은 인간에게는 놀랍고 어두운 개념일 뿐입니다.

　　하나님은 구원의 사역을 하실 때 말씀으로써 인간에게 모습을 드러내십니다(팬을 검은 원위에 올려놓으세요.) 성경은 하나님이 다음과 같은 성격을 가지고 있다고 전합니다(각 성격을 하나씩 설명해 주세요).

　　영원하심(시 90:1-2).

　　전능하심(창 17:1).

　　현재하심(렘 23:24).

　　전지하심(시 139:1-4).

　　변함없으심(말 3:6).

　　미쁘심(딤후 2:3).

　　의로우심(신 32:4).

　　은혜로우심(출 34:6-7).

　　사랑(요일 4:8).

　　하나님은 성령이시다(요 4:24).

　　또한 성경은 하나님이 유일하시다고 말합니다. "이스라엘아 들으라 우리 하나님 여호와는 오직 하나인 여호와시니"(신 6:4). "하나님은 한 분밖에 없는 줄 아노라"(고전 8:4). 이 팬을 돌려보겠습니다. 이제 이러한 성격들은 혼합이 되어 하나가 되었습니다. 이것은 하늘과 땅을 만드셨고 구원의 계획을 세우시는 하나님은 한 분 밖에 계시지 않음을 상기시켜 줍니다.

성경은 하나님을 세 개의 실체로서 제시합니다. "너희는 가서 모든 족속으로 제자를 삼아 아버지와 아들과 성령의 이름으로 세례를 줄지어다"(마 28:19). "주 그리스도의 은혜와 하나님의 사랑과 성령의 교통하심이 너희 무리와 함께 있을지어다"(고후 13:13). 또 마태복음 3장 16-17절도 읽어보시기 바랍니다(삼위일체의 상징을 보여주고 설명해 주세요. 세 원은 세 실체가 하나의 상각형에 합쳐져 삼위일체이신 하나님을 나타냅니다). 다시 팬을 돌려보겠습니다. 자세히 살펴보세요. 무엇이 보입니까? 그렇습니다. 여러분은 유일하신 하나님 뒤에 계신 세 분의 이름을 보고 있습니다. 이것은 일종의 시각적 환상입니다. 이것을 보면 하나님이 하나의 신성, 즉 본질 속에서 세 분의 분명한 모습이라는 사실을 상기시킵니다. 각 실체가 완전한 하나님이십니다. 이것을 간단히 삼위일체이신 하나님이라고 합니다. 이 상징을 하나님의 신성하심을 나타내기 위해 흰색으로 만든 점에 주목하세요.

이제 하나님의 성격 중 일부를 살펴보겠습니다. 하나님은 신성하십니다. 하나님은 무죄이시고 죄를 미워하십니다. 하나님은 의로우십니다. 하나님은 사람들에게 가치있는 것을 주십니다. 사람들은 죄를 범했기 때문에 무언가가 일어나 변화시키지 않으면 영원한 죽음을 맞게 됩니다. 그 무언가가 발생하였습니다. 하나님은 사랑이십니다. 사랑은 하나님을 움직여서 죄많은 인간들에게 동정심을 갖게 하시게 합니다. 사랑은 아버지를 움직여서 그 분의 아들을 보내 인간이 되게 하시고 그리하여 그 분의 의로움을 만족시키기 위해 인간의 죄를 떠안도록 했습니다(십자가를 "은혜로우심" 아래에 놓고, 하나님이 그리스도를 위해 죄인들에게 은혜로우시며 죄인들을 용서하심을 설명해 주세요).

여러분과 내가 십자가 아래에서 하나님을 만날 때 우리는 그 분으로부터 생명을 얻습니다. 왜냐하면 성령이 믿음에 의해 생명을 전하기 때문입니다("성령"이라는 낱말을 아래로 이동하여 성령이 믿음을 창조하고 십자가의 메시지를 통해 생명을 주심을 보여주세요). 어떤 사람들은 자기 자신의 조건으로 하나님께 갈 수 있다고 생각하나, 하나님의 의로우심은 죄인들을 정죄할 뿐입니다. 하나님의 정죄는 그 분의 아들이 십자가 위에서 돌아가셨을 때 그 분의 아들에 내려졌습니다. 그 아들 안에서 하나님께 가는 길이 생명에 이르는 유일한 길입니다.

인간이 그리스도를 믿을 때 하나님의 성격이 그 사람을 위해 작용하시게
됩니다. 하나님은 충만하십니다. 하나님은 항상 우리 가까이에 계십니다. 하나
님은 전능하십니다. 하나님은 우리를 보호하실 수 있고 실제로 우리를 보호하
십니다. 하나님은 변함이 없으십니다. 하나님은 변화하고 타락하는 세상에서
우리의 변함없는 위안이십니다. 하나님은 영원하십니다. 하나님은 시작도 끝
도 없으십니다. 하나님은 은혜로우십니다. 하나님은 그리스도를 위하여 모든
죄를 매일 그리고 풍성하게 용서하십니다.

삼위일체 교리는 인간의 이해의 범위를 넘습니다. 그것은 믿음으로 받아
들여야 합니다. 이 교리는 죄많은 인간을 향한 하나님의 구원의 사역 속에서
그 분을 나타내므로 가장 실재적입니다. 아버지는 죄인을 치료하기 위해 처방
전을 쓰는 의사와도 같습니다. 아들은 그 처방전을 자신의 귀중한 피로 이행
하는 사랑의 약사입니다. 성령은 약을 주는 간호사와도 같습니다.

오 축복의 신성한 삼위일체시여
신성하고 영원한 일체시여
하나님 아버지와 아들과 성령이시여
늘 저희를 인도하고 주관하여 주소서

여러분은 성경에서 삼위일체 하나님의 구원의 사역에 관해 읽어볼 수 있
습니다. 실제로 이러한 사역은 성경의 중심적 주제입니다. 로마서 5장 1-8절,
에베소서 1장 3-14절, 요한복음 3장 1-18절, 이사야 48장 16-17절을 읽어
보세요.

46

기도의 전화

(시 51편; 단 6장; 마 6:9-13, 21:22; 눅 17:11-19; 요 16:23; 행 4:23-31, 16장)

◆ 재 료

장난감 전화기

이 전화기는 진정한 기도가 무엇인지를 가르쳐줄 것입니다(전화기의 다양한 부품들을 설명해 주세요).

먼저 송화기를 보세요. 전화 대화에서는 보이지 않는 상대방과 이야기합니다. 기도에서도 볼 수 없는 하나님과 이야기합니다. 그러나 우리는 하나님께 말씀드릴 수 있습니다. 그리고 하나님은 우리가 예수 그리스도 안에서 하나님의 자녀가 되므로 우리의 기도를 들어주실 것을 약속하셨습니다. 그 때문에 하나님은 우리의 아버지가 되십니다. 기도는 믿음의 음성으로 하나님과 마음과 마음으로 대화하는 것입니다.

수화기를 보세요. 우리는 하나님이 말씀으로써 우리에게 이야기하는 것을 들을 수 있습니다. 저 위에서 하나님은 우리에게 기도하라고 명령하십니다(시 50:15). 하나님은 우리가 죄를 고백하고 용서를 구할 수 있다고 말씀하십니다. 하나님은 우리를 도와주고 보호하실 것을 약속하십니다. 우리는 우리가 필요한 모든 것들에 관해 하나님께 말씀드릴 수 있습니다. 하나님이 우리에게 말씀으로 얘기하시지 않는다면 우리는 기도를 할 수 없을 뿐만 아니라 기도하는 법도 모를 것입니다. 우리가 하나님의 말씀을 더욱더 공부하고 생각하면 기도를 더 잘 할 수가 있습니다.

수화기와 송화기를 중앙본체의 선과 전원에 연결시키는 선을 보세요. 이 것은 우리를 하나님과 연결하는 믿음을 나타냅니다. 기도는 믿음의 대화입니다. 예수님은 말씀하셨습니다. "너희가 기도할 때에 무엇이든지 믿고 구하는 것은 다 받으리라"(마 21:22).

그리스도의 약속은 기도를 할 힘을 주십니다. 그리스도는 다음과 같이 말씀하셨습니다. "내가 진실로 너희에게 이르노니 너희가 무엇이든지 아버지께 고하는 것을 내 이름으로 주시리라"(요 16:23). 그리스도를 통하여 성령은 우리의 기도를 강화하기 위해 사역하십니다. "이와 같이 성령도 우리의 연약

함을 도우시나니 우리가 마땅히 빌 바를 알지 못하나 오직 성령이 말할 수 없는 탄식으로… 하나님의 뜻대로 우리를 친히 간구하시느니라"(롬 8:26-27).

우리가 어떤 사람에게 전화를 걸 때는 번호를 돌립니다. 우리가 하나님과 대화할 때는 "예수 그리스도"를 돌립니다. 그리스도의 이름으로 기도한다는 것은 그리스도가 우리를 위하여 죄 사함을 구하고 우리를 하나님의 자녀로 만들기 위해 십자가 위에서 돌아가셨기 때문에 우리의 기도가 받아들여짐을 의미합니다. 하나님의 자녀로서 우리는 그리스도의 바람이 우리의 기도를 채우시도록 합니다. 이것이 바로 예수 그리스도의 이름으로 기도하는 것입니다.

거의 모든 가정에는 전화가 있습니다. 공공장소에도 전화가 있습니다. 우리는 항상 전화기 가까이에 있습니다. 그러나 전화가 없는 곳도 있습니다. 이에 비해 기도의 전화는 어느 곳에든지 있습니다. 우리는 기도의 전화를 우리의 믿는 마음 속에 가지고 다닙니다. 우리는 언제 어느 곳에서든지 하나님과 대화할 수 있습니다. 다니엘은 사자 우리에서 기도하였습니다(단 6). 바울과 실라는 감옥에서 기도하였습니다(행 16). 예수님은 고난의 시기에 동산에서 기도하셨습니다(마 26:36-46). 성경은 전합니다. "각처에서 남자들이 분노와 다툼이 없이 거룩한 손을 들어 기도하기를 원하노라"(딤전 2:8).

예수님의 제자들은 예수님에게 기도하는 법을 가르쳐 주시기를 간청하였습니다(눅 11:1). 예수님은 그들에게 주기도문을 주셨습니다(마 6:9-13). 예수님은 진정한 기도는 하나님의 이름, 나라 및 뜻과 관계되는 것들에 관하여 아버지로서의 하나님과 대화하는 것이라고 가르치셨습니다. 기도는 매일의 빵을 요청하는 것도 포함합니다. 또 기도는 매일의 생활을 위한 우리의 필요도 포함합니다. 그러나 무엇보다도 기도는 하나님의 용서, 하나님의 권능, 하나님의 구원 등을 간구하는 것이라야 합니다. 주기도문은 기도의 전화로 하나님께 말씀드리는 지침이 됩니다.

많은 사람들은 기도의 전화를 사용하는 법을 배워왔습니다. 솔로몬은 성전을 바칠 때 기도의 전화를 사용하였습니다(열왕기상 8장 및 역대하 6장). 다윗왕은 그의 죄를 고백하고 하나님을 찬미하기 위해 이 전화를 사용하였습니다(시 100). 베드로는 문둥이가 그랬던 것처럼(눅 17:11-19) 하나님께 감사드리기 위해 기도의 전화를 사용하였습니다(행 4:23-31). 우리도 이 놀라운 기도의 특권을 믿음을 가지고 사용해 봅시다.

47

변화란 무엇인가?

(렘 31:18; 요 3:6; 행 9장)

◆ 재 료

> 컵. 가능한 한, "육으로 난 것은 육임"(요 3:6)을 나타내기 위해 회색
> 컵이나 갈색 컵을 사용한다. 컵을 책상이나 손 위에 뒤집어 놓는다.

이 컵은 뒤집어져 있습니다. 이때 이 컵은 무엇을 상실했을까요? 그렇습
니다. 쓸모가 없어졌습니다. 컵은 올바르게 세워질 때에 유용합니다. 또 무엇
이 상실되었습니까? 빛이 없습니다. 컵속에는 오직 어둠만이 있습니다.

컵은 또한 내용물이 없습니다. 컵은 액체를 담기 위한 것입니다. 따라서
뒤집어져 있으면 액체를 담을 수 없습니다. 이 컵은 우리 모두의 본래의 모습
을 보여줍니다. 우리는 영적인 생명이 비어 있고 죽음의 어둠으로 가득 차 있
으며, 하나님께 쓸모가 없습니다.

이 컵은 흙의 색으로 되어 있습니다. 이 사실은 예수님이 우리의 본래의
모습에 관해 말씀하신 것을 상기시켜 줍니다. "육으로 난 것은 육이니라"(요
3:6).

예수 그리스도는 모든 사람들을 위해 생명을 구하시려고 이 세상에 오셨
습니다. 예수님은 하나님의 율법을 지키셨고 그것을 인간을 위해 이행하셨기
때문에 무결한 유용한 삶을 사셨습니다. 예수님은 또한 인간의 죄의 대가로
자신의 생명을 바치셨습니다. 그 분의 죽음을 통하여 인간에게 빛과 생명이
있습니다. 이 구원의 메시지를 통해 성령이 인간들에게 사역하십니다.

이 컵은 스스로는 제대로 설 수 없습니다. 외부의 힘이 작용하여야 합니
다. 그런 의미에서 내 손은 성령의 힘을 나타냅니다. 컵을 다시 올바르게 세워
보겠습니다. 이제 컵 속에는 무엇이 있습니까? 빛이 있습니다. 컵은 유용하게
되었습니다. 컵에는 액체를 담을 수 있습니다(컵 속에 약간의 물을 부어 마셔
보세요).

예수님은, "육으로 난 것은 육이니라"라고 말씀하셨을 뿐만 아니라, "영
으로 난 것은 영이니라"(요 3:6)고도 말씀하셨습니다.

예레미야는 기도하였습니다. "나를 이끌어 돌이키소서. 그리하시면 내가

돌아오겠나이다. 주는 나의 하나님 여호와이십니다"(렘 31:18). 변화를 시키시는 분은 하나님이십니다. 인간은 돌아오기는커녕 마음대로 갈 수도 없는 무능한 존재입니다.

예를 들어 사울은 엎어진 컵과도 같았습니다. 어느날 그는 하나님의 힘에 의해 변화되었습니다. 그는 하나님의 유용한 그릇이 되었습니다. 그는 생명의 물을 다른 사람들에게도 가져다 주었습니다. 이 사울이 바로 사도 바울입니다(행 9).

다음과 같은 겸허한 고백을 해보세요.

"나는 내가 나의 이성이나 힘으로는 나의 주이신 예수 그리스도를 믿을 수도 그분에게로 갈 수도 없음을 압니다. 그러나 성령이 복음에 의해 나를 부르시고 그 선물로써 나의 눈을 뜨게 하시고, 나를 성스럽게 하시고 진실한 믿음으로 붙들어 매셨나이다."

48

믿음이란 무엇인가

(요 4:46-54; 히 11:1, 3)

◆ 재 료

껍질을 벗기지 않은 땅콩

(손에 땅콩을 감추고 교실로 들어가서 말씀하세요.) 나는 지금 손에 매우 특별한 것을 가지고 있습니다. 여러분과 나는 전에 그것을 본 적이 없으며, 앞으로도 그것을 보지 못할 것입니다. 지금 내 말을 믿는 어린이는 손을 들어보세요(많은 어린이는 믿을 수 없기 때문에 손을 들지 않을 것입니다).

그런 다음 손을 들지 않았던 어린이들에게 당신이 교회학교 교사이며 하나님의 진리를 지지하고 지금도 진리를 얘기하고 있다고 강조하세요.

(그러면 대부분의 어린이들은 당신의 말을 믿고 손을 들 것이나 여전히 의심을 하여 손을 들지 않는 어린이들도 있을 것입니다. 땅콩을 까서 어린이들에게 보여주세요). 보세요. 이것은 우리가 여태껏 보지 못했던 어떤 것입니다. 이것은 껍질 속에 숨겨져 있었습니다. (땅콩 알을 먹어보세요). 이제 이것은 앞으로 결코 보지 못하게 될 것입니다(만약 모든 어린이들이 당신의 말을 믿는다면 그때부터 믿음이 보는 것이 아니라 말을 받아들이는 것임을 설명해 주세요).

여러분 보셨지요? 믿음은 보는 것이 아니라 하나님의 말씀을 믿는 것입니다. 히브리서 11장에는 다음과 같은 말이 있습니다. "믿음은 바라는 것들의 실상이요 보지 못하는 것들의 증거니라."

하나님이 세상을 만드셨을 때 우리들 중 어느 누구도 그 자리에 없었습니다. 하나님의 말씀은 하나님이 전능하신 힘으로 세상을 6일만에 만드셨다고 말씀하십니다. 우리는 하나님의 말씀을 받아들입니다. 그것이 바로 믿음입니다.

"믿음으로 모든 세계가 하나님의 말씀으로 지어진 줄을 우리가 아나니 보이는 것은 나타난 것으로 말미암아 된 것이 아니니라"(히 11:3).

우리들 중 어느 누구도 우리의 눈으로 예수님을 본 적이 없습니다. 우리는 예수님이 갈보리 언덕의 십자가에서 돌아가시는 것을 보지 않았습니다. 그러나 하나님의 말씀은 예수님이 돌아가셨으며 그것도 세상의 죄를 씻기 위하여 돌아가셨다고 합니다. 사도 바울은 이 진리에 관해 다음과 같이 선언합니다. "내가 받은 것을 먼저 너희에게 전하였노니 이는 성경대로 그리스도께서 우리 죄를 위하여 죽으시고 장사지낸 바 되었다가 성경대로 사흘 만에 다시 살아나사"(고전 15:3-4). 우리가 하나님의 말씀을 받아들이고 예수님이 우리를 위하여 돌아가셨음을 믿을 때 믿음이 나옵니다. 믿음은 영적인 눈으로 예수님을 보는 것입니다.

우리들 중 어느 누구도 천국을 본 적이 없습니다. 하나님의 말씀은 천국이라는 곳이 있다고 하십니다. 예수님은 "내 아버지 집에 거할 곳이 많도다"라고 말씀하셨습니다(요 14:2). 베드로는 천국에 관해 다음과 같이 말했습니다. "썩지 않고 더럽지 않고 쇠하지 아니하는 기업을 잇게 하시나니 곧 너희를 위하여 하늘에 간직한 것이니라. 너희가 말세에 나타내기로 예비하신 구원을 얻기 위하여 믿음으로 말미암아 하나님의 능력으로 보호하심을 입었나니"(벧전 1:4-5). 우리는 하나님의 말씀을 받아들이고 영생을 믿음을 고백합니다. 이것이 믿음입니다.

믿음은 인간의 마음의 발명품이 아닙니다. 본래 우리는 영적으로 죽었습니다. 성령의 힘에 의해 하나님의 말씀을 통하여 믿음이 나온 것입니다. 믿음은 그리스도가 우리의 구세주이시고 하나님이 말씀으로 하시는 모든 것들이 진리임을 믿는 신성한 보증입니다.

구세주로서 그리스도를 믿으면 십자가를 통해 하나님의 창조하심을 볼 수 있게 되며, 그리스도를 구세주로 부르고 아버지 하나님을 하늘과 땅의 창조주로 인식하게 됩니다. 이 믿음은 아직 보이지 않는 것을 진실이라고 받아들이므로 천국을 기대하는 태도입니다.

히브리서 11장은 성경의 위대한 믿음의 장입니다. 거기에 수록된 위대한 믿음의 영웅 중 한 사람이 아브라함입니다. 그는 하나님의 말씀을 받아들였으며 하나님이 집을 따라 지시하는 곳으로 가라고 하셨을 때 그대로 따랐습니다. "믿음으로 아브라함은 부르심을 받아쓸 때 순종하여 장래 기업으로 받을 땅에 나갈새 갈 바를 알지 못하고 나갔느니라"(히 11:8).

우리는 요한복음 4장 46-54절에서 믿음의 또다른 예를 봅니다. 왕의 신하가 아들의 병을 고치기 위해 예수님께로 왔습니다. 예수님은, "가라 네 아들은 살 것이니라"라고 말씀하셨습니다. 그 신하는 예수님의 말씀을 믿었습니다. 이것이 믿음입니다.

하나님의 말씀은 무엇이든지 믿기로 합시다. 우리는 인간의 이성으로는 하나님의 창조나 십자가나 천국을 설명할 수 없습니다. 그러나 하나님이 말씀하셨으므로 보이지 않고 증명되지 않은 것이라도 믿음의 마음은 이를 받아들입니다. 즉 하나님을 그 분의 말씀으로 받아들입니다. 예수님은 "아버지의 말씀은 진리니이다"라고 말씀하셨습니다(요 17:17). 하나님은 신뢰할 수 있으십니다. 하나님은 거짓말을 안하십니다.

49

하나님이 온전케 하신 것은 항상 선하다

(창 37-50장; 삼상 1:1-28; 롬 8:28)

◆ 재 료

> 종이, 연필, 카아본지, 큰 거울. 카아본지를 종이 아래에 세워놓고 큰 글씨로, "하나님이 온전케 하신 것은 항상 선이다"라는 구절을 쓴다.

이 세상에서 우리가 걱정하는 많은 것들이 있습니다. 우리는 시련과 어려움과 병을 겪습니다. 때때로 삶이 편하다가도 예기치 않은 일들이 발생하곤 합니다. 우리나 사랑하는 사람이 아프기도 합니다. 아니면 어떤 것을 갈구하나 결코 얻지 못하기도 합니다. 우리는 기도하고 소망하나 우리의 기도가 응답되지 않는 것처럼 생각될 때도 있습니다(종이 위에 쓴 구절을 보여주세요). 누가 이 구절의 의미를 설명할 수 있습니까? 나는 그 의미를 찾는 비법을 가르쳐 주겠습니다. 여기에 거울이 있습니다. 이 거울은 말씀으로 우리를 구원하시는 하나님의 계시를 나타냅니다(종이를 누이고 거울의 각도를 적당히 잡아 종이의 구절이 어린이들에게 수직으로 보이도록 하세요).

우리가 기도에서 우리의 문제와 삶의 질문들을 하나님께 제기하면 하나님은 말씀으로 대답하십니다. 하나님은 무어라고 말씀하십니까? "내가 온전케 한 것은 항상 선이니라"라고 말씀하십니다. 하나님은 우리가 예수님에 대한 믿음에 의해 그분을 우리의 아버지로 알 때 이 삶을 위해 필요한 것들을 주실 것을 믿어도 좋다고 말씀하십니다. 하나님의 섭리는 그 분의 은총의 구원의지와 조화를 이루게 됩니다. "우리가 알거니와 하나님을 사랑하는 자 곧 그 뜻대로 부르심을 입은 자들에게는 모든 것이 합력하여 선을 이루느니라"(롬 8:28).

오래 전에 한나라는 여인이 있었습니다(삼상 1). 그녀와 그녀의 남편은 아이가 없었습니다. 그녀는 왜 다른 사람들은 아이가 있는데 자기는 없는지 의아하게 생각했습니다. 그녀에게는 삶이 너무 혼동스러웠습니다. 그녀는 자신의 문제를 하나님께 가지고 가서 말씀드렸습니다. 그녀는 기도하였습니다.

"서원하여 가로되 만군의 여호와여 만일 주의 여종의 고통을 돌아보시고 나를 생각하시고 주의 여종을 잊지 아니하사 아들을 주시면 내가 그의 평생에 그를 여호와께 드리겠나이다."(삼상 1:11). 한나로부터 축복을 잠시나마 거두신 것은 하나님의 뜻이었습니다. 그리하여 하나님은 그녀의 의지에 따라 그리고 하나님 자신의 시기에 그녀에게 아들을 주셨습니다. 한나는 하나님이 기도로 말씀드릴 수 있는 사랑하는 하늘의 아버지라는 것을 하나님의 말씀을 통하여 알았습니다. 설사 하나님이 그녀의 요청을 들어주시지 않았더라도 그녀는 하나님께 요청드려 하나님의 구원의 의지의 거울 속에서 자신의 문제를 보았다는 사실만으로도 하나님의 결정을 받아들이고 행복하게 살았을 것입니다. 그녀는, "주의 여종을 돌아보시면… 주의 여종은…"이라는 조건을 달고서 올바르게 기도하였던 것입니다. 우리가 하나님이 온전케 하신 것이 항상 선임을 믿을 때 하나님께 기도로 말씀드릴 수 있게 됩니다. 하나님이 우리의 요청을 들어주시면 우리는 한나처럼 감사하는 마음으로 받아들여야 하며, 만약 하나님이 우리의 요청을 거부하거나 기다리라고 말씀하시면 우리는 그 분의 뜻이 우리의 뜻보다 더 현명하신 것으로 받아들여야 합니다. 우리는 하나님에 대해 불평해서는 안됩니다. 우리의 문제와 걱정을 믿음의 기도하는 눈으로 보면서 하나님의 말씀의 거울 속에 비추어 봅시다.

애굽에서의 요셉도 이러한 삶의 관점을 가졌습니다. 그는 다음과 같이 말했습니다. "당신들은 나를 해하려 하였으나 하나님은 그것을 선으로 바꾸사 오늘과 같이 만민의 생명을 구원하게 하시려 하셨나니"(창 50:20). 요셉은 하나님의 인도를 믿을 수 있음을 알았습니다.

50

눈처럼 순백함

(사 1:18; 마 9:2; 눅 7:36-50; 행 2:38)

◆ 재 료

> 흰 마분지 하트, 주홍색 크레용, 붉은 셀로판지, 마분지 십자가. 십자가의 중앙에 창을 만들어 그 위에 붉은 셀로판지를 놓는다(마음의 죄를 덮기 위해 필요에 따라 여러 장의 셀로판지를 사용한다). 교실의 조명을 적절히 유지한다.

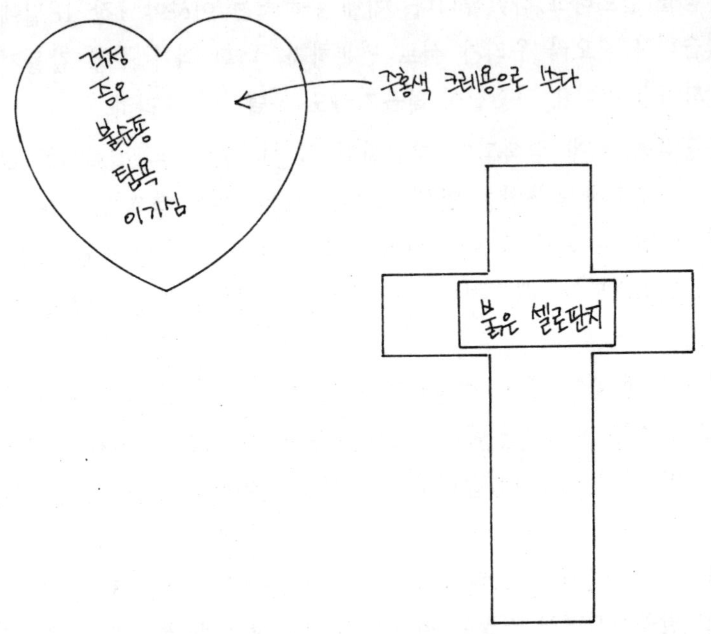

그리스도인들은 다음과 같이 고백할 수 있습니다. "나는 죄 사함을 믿습니다." 이 고백은 예수 그리스도를 통한 하나님의 용서의 은총에 대한 믿음, 즉 하나님이 우리가 필요할 때마다 용서를 하신다는 믿음입니다(흰 하트를 보여주세요). 우리의 일상생활에서 약한 순간에 우리의 가슴 속에는 다른 사람에 대한 증오심이 일어납니다(하트 위에, "죄"라고 써 보이세요). 우리는 우리 자신이 걱정으로 휩싸이게 합니다. 우리는 불순한 생각이 들게 합니다. 우리는 세속적인 것들에 마음을 두어 탐을 냅니다. 종종 우리는 이기적으로 행동합니다.

우리의 마음은 죄로 가득찬 이 하트와도 같습니다. 이러한 상황에 대해 우리는 슬픈 생각을 갖습니다.

하나님은 예수님을 위하여 우리를 용서하신다고 약속하셨습니다. 예수님은 우리의 죄의 대가를 치르시기 위해 십자가 위에서 피를 흘리셨습니다. 붉은 창문이 있는 이 십자가는 우리의 죄를 치르시게 하기 위해 아들이라는 위대한 선물을 보내신 하나님의 뜻을 상기시킵니다.

우리가 하나님을 거역한 것을 후회하고 그 분의 죄 사함을 믿을 때 이 하트가 십자가 밑에 놓이게 됩니다(몇몇 어린이들에게 하트의 붉은 창문을 들여다보게 하세요). 무엇이 보입니까? 눈과 같은 순백이 보일 것입니다.

선지자 이사야를 통하여 하나님은 그의 백성 이스라엘인들에게 하나님의 죄 사함을 믿으라고 하셨습니다. 이에 관해서는 이사야 1장 18절에서 읽어볼 수 있습니다. "오라 우리가 서로 변론하자. 너희 죄가 주홍 같을지라도 눈과 같이 희어질 것이요 진홍같이 붉을지라도 양털같이 되리라."

주홍색은 옷에 염색되면 지워지지 않습니다. 죄는 죄의식과 죽음으로써 인간의 전 영혼에 침투하는 얼룩입니다. 그래서 죄는 주홍색과 같습니다. 오직 하나의 처방만이 죄와 죽음을 씻어낼 수 있으며, 그것은 바로 그리스도의 피입니다. 그리스도의 피는 하나님의 아들의 피이므로 모든 얼룩을 지울 수 있습니다.

죄 사함에 관한 많은 성경구절이 있습니다. 예수님은 중풍병자를 치료하셔서 그의 죄를 용서하셨습니다. 그러시면서 "안심하라 소자야 네 죄 사함을 받았느니라"라고 말씀하셨습니다(마 9:2). 첫번째 성령강림절에 베드로는 다음과 같이 말했습니다. "너희가 회개하여 각각 예수 그리스도의 이름으로 세례를 받고 죄 사함을 얻으라"(행 2:38). 예수님은 "너는 죄 사함을 받았느니라"라고 말씀하시면서 죄많은 한 여인을 용서하셨습니다(눅 7:36-50). 누가복음 15장에 나오는 탕자의 이야기를 읽어보세요. 우리가 우리의 모습 그대로 예수님께 갈 수 있음을 기억합시다. 예수님만이 우리 모두를 용서하십니다.

저는 지금 이 모습으로 어떤 탄원도 없이 예수님께 가겠나이다. 예수님의 피는 우리를 위해 흘리셨음에도 저를 오라 하십니다. 오 하나님의 양이여 저는 가겠나이다. 아멘.